トラブルをドラマに変えてゆく教師の仕事術

特別支援教育の校内研修で学校が変わる！

――「ユニバーサルデザインの学級・授業づくり」ポイント30

学芸みらい社
GAKUGEI MIRAISHA

目次

第2章 学校を巻き込む研修の作り方 35

第3章 NG指導を研修で共有する 53

第4章 効果的な指導につながる実践的な研修

第5章 特別支援研修を核とした校内支援体制づくり

第6章 一年間を見通した「特別支援教育だより」

まえがき

特別支援教育コーディネーターになって以来、長きにわたって校内の研修を進めてきた。

特別支援教育は経験則だけではできない。そこには、医学、脳科学の視点が必要である。

しかし、学校現場には、そのような視点はなかなか入ってこない。だから、職員の考え方もバラバラである。

同じ事例であっても、ある先生は「もっと厳しくしないといけない」と言い、ある先生は「やさしく受容しなくてはいけない」と言う。

経験則だけでは、共通の「ものさし」ができないのである。

そこで、私は特別支援教育の研修を定期的におこなうようになった。

特別支援教育の研修を進めるうちに、いくつかのことに私は気づくようになる。

指導が上手くいかないのは、子どもの特性のせいだと感じている教師が多い。

特別支援教育が学校現場に浸透してきて、ＡＤＨＤやＡＳＤといった言葉があたり前に使われるようになった。

一昔前なら、ほとんど使われることがなかった「多動」や「衝動性」などの言葉まで誰もが普通に使っている。

よくある相談に次のようなものがある。

あの子は衝動性が強いので、話が聞けない。

以前なら次のようになっていたはずだ。

あの子は話がなかなか聞けない。どう指導すればいいだろうか。

前者は「衝動性が強い＝指導できない」となり、できないのは子どものせいになる。

後者は「話が聞けないのを聞けるようにするにはどう指導すればよいか」という指導の問題になる。

当然、衝動性が強い子でも、適切な指導をおこなえば話が聞けるようになる。

「質問は最後に受け付ける」ことを指導し、途中で話しかけてくる時には、表情やジェスチャーなどのノンバーバルで応える。もちろん、その意味は事前に説明しておく。

さらに、子どもが衝動的に反応しないよう、短い指示・説明を心がける。

特別支援教育の研修を進めるうちに、私はこのように教師側が変われば子どもが変わるということを、学校全体に広げる必要があると考えるようになった。しかも、それは私個人の考えであってはいけない。医学や脳科学の裏付けが必要だ、と。

そして、私は研修の中で、脳科学の原理を用いて指導を振り返ってもらうような場面を多く取り入れた。それは、非常に分かりやすいと好評を得た。

そうすることで、一人また一人と研修内容を指導に生かす同僚が出てきた。人から指摘されるのではなく自分から変えようと思う方が、当然、効果は高い。

学校の中で、頭ごなしに怒鳴る教師はだんだんいなくなっていった。

先述の通り、特別支援教育は医学・脳科学と密接な関係がある。そして、それは一つの教科や領域だけでなく、学校教育のすべてにかかわる内容である。考えてみれば、このようにすべての教科・領域にかかわるような内容は、特別支援教育をおいてほかにない。だからこそ、特別支援教育の研修を進めることで学校が変わっていくことができるのである。

そして研修を進めていくうちに、学校の中に一つの共通認識が生まれてくる。

特別支援を必要とする子に有効な方法は、他の多くの子どもたちにとっても効果のある方法である。

環境面の配慮、スモールステップの指導、予告と承認、情報や刺激のコントロールなど、これらはどの子にとっても有効な手段である。

こうして、「特別支援教育＝特別な子への教育」という認識が、「特別支援教育はどの子にも効果のある指導である」という認識へと変化し、深まっていく。

これは、まさに「ユニバーサルデザイン」の考え方そのものである。

本書では、学校全体が「ユニバーサルデザインの授業・指導」に向かうために、どんな研修や取り組みが必要かという内容をまとめている。

それらは、実際に私がいくつかの学校でおこなった実践であり、一〇年以上の歳月をかけて試行錯誤を重ねながら取り組んだ内容である。

本書が特別支援教育の重要性を感じている先生方にとって、少しでもお役に立てれば幸いである。

小野隆行

第1章

校内研修で学校が変わった

1 学校を巻き込む研修は最初の提案がポイント

❶ 学校全体を動かすには

学校を巻き込んだ取り組みをおこなうには、年度当初の提案をどうするかがもっとも大きなポイントとなる。

最初の提案が骨格を決める。

このように、何をどう提案するのか意図的な準備が必要である。私が着任した年度当初、研修の提案までの猶予は一日であった。しかも、年度末の教育課程の編成で決定済の文書である。

大枠は変えられない。

そこで、私はコーディネーターの「仕事」と「権限」を明確に整理した。取り組みの柱として、次の文を載せた。

ポイント1

(1) 特別支援教育だより等による有益情報の発信。

この中に、きわめて大切な一文字がある。それが何かわかるだろうか?

それは、「等」の一文字である。これがあるのと無いのとでは、まったく変わってくる。

・「等」なし――「特別支援教育だより」のみの発行となる。
・「等」あり――「特別支援教育だより」以外にも様々な情報が発信できる。

学校全体を動かそうと思えばこのような一文字にまでこだわらなければ無理だ。

「等」があることによって、「雑誌や本の紹介」「論文のコピー」「教材・教具」「指導法」などの紹介ができるようになる。


そのような取り組みの一つとして、基本文献を紹介・回覧し、三〇冊の申し込みを受けることができた。

このことによって、全体の知識が上がっていく。

これが、なにもないところで同じことをしていたら、反感をもった人もいるかもしれない。たとえ必要なことであっても、全体に受け入れられるのは難しい。

最初の提案のたった一文字がすべてを決定していたのである。

❷「自分には関係がない」?

取り組みのもう一つの柱として、次の文も載せた。

ポイント2

(2) 職員の専門性を高める研修等の積極的な開催。

全体の研修計画では、特別支援の研修は、夏休みに一回のみ。これでは、何も変わらない。そこで、三〇分程度のミニ研修を毎月おこなうことにした。計画にないのだから、自主参加の形をとった。これも、最初の提案があるから可能となった。

❸「特別支援学級のことだから関係ない」？

いくら良い内容の研修をしても、自分には関係ないという態度の教師は必ずいる。そのためには、最初にそうならないような布石を打っておくことが重要になってくる。

ポイント3

最初の研修で伝えなくてはならないメッセージがある。

特別支援研修で扱う内容は、特別支援学級の子のことを指しているのではない。

これを押さえておかないと、「特別支援学級のことだから関係ない」という認識を持つことが多い。よって、まず最初にこのことを伝えなければならない。

その時に必要なのは、具体的場面を扱って演習をおこなうことである。研修を受けている教師が、「そういう場面、あるある」という感覚になれば成功である。そこで、資料を用意する。

おすすめは次の二冊。誰でも簡単に扱える。

(1)『新装版 発達障がい児本人の訴え』合本
(2)『特別支援・場面別対応事例集』全五巻セット
（いずれも東京教育技術研究所）

(1)は、そのまま扱うのではなく、キーワードを穴うめ形式にするなどして、対応を考えてもらうとよい。

(2)は、そのまま校内の研修に使えるように作られている。

資料があれば研修が安定する。だから、このような貴重な資料は、自分が研修担当でなくても、手元にもっておかなければならない。いざ自分が研修する立場になってから探そうとしても、もう手に入らないものだ。

障害のある児童生徒にとって分かりやすい授業は、障害のない児童生徒にも分かりやすい授業であることをすべての教員が理解し、指導力の向上に努め、日々の指導に活かしていくことが求められる。
「みんなの特別支援教育」兵庫県尼崎市教育委員会

自分の意見ではなく、このような公的資料を用いて主張する。この資料はインターネット上で誰でも無料で閲覧できる。ぜひアクセスしてもらいたい。

❶研修時間をどう作るか

ポイント4

研修時間をわざわざとるのは、職員にとって負担感が大きい。「負担」が大きいのではなく、「負担感」が大きいのである。

この気持ちの部分が実は重要だ。いくら良い内容でも、面倒だと思えば入っていかない。だから、負担感を減らすような時間設定を心がける。

これは学校の仕組みによっていくつか方法がある。私が最初にやった方法は、校内委員会の中に位置づけるというものだった。

管理職、教務、養護教諭、各学年代表などが集まる校内委員会の中で、研修の時間をとったのである。長くなくてよい。一五分程度で充分だ。あっという間に終わるという感覚が抵抗をなくす。

ただ、この方法だと全職員が研修をする機会はなくなる。

そこで、いくつかの方法を探った。

まず、研修内容を通信で全職員に配付した。さらに、希望者は研修から参加してよいことにした。校内委員会の前半で個々のケースの報告や検討をおこない、後半を研修とした。これは非常に喜ばれた。

このように校内委員会の中に位置づけられない時はどうするか。これも方法を考えればよい。例えば他の研修の終わりや、職員会議の終礼などの時間を五分程度もらうなどすればよい。この「何かのついでにおこなう」という方法は、抵抗が少ない。充分な時間がとれない分、それを「特別支援教育だより」という方法で広げればよい。

また、もっと詳しく知りたいという職員のためには自主研修をもうけ、「木曜日の一六時三〇分からミニ自主研修をおこないます」などと伝えればよい。時間は工夫次第でいくらでも生み出せる。

❷教師間の「温度差」「知識の差」を全体研修で埋める

私は一学期の初めからミニ研修を自主研修として開催してきた。

しかし、どこかで全員が参加する研修の開催が必要だ。なぜなら、ここまでの自主研修によって、職員には当然温度差が生まれているからだ。

ポイント5

「指導が上手くいかないのは、教師の指示が悪い」と考えている教師もいれば、「あの子は何度言っても話が聞けない」と考えている教師もいる。これでは研修に参加し、指導を改善しようとしている教師が「もっと厳しくしなさい」などと足を引っ張られる可能性がある。

そうした職員の温度差を埋めるために、全体研修の場を作る。「自主研修↓全体研修」の流れで全体の共通理解を作るのである。

さらに私は「特別支援教育だより」を発行してきた。そのことで、表だって批判をすることがなくなった。全員の研修をすること、文章に残すということが、職員全員に周知徹底させるという意味でとても重要である。私の意見として書くのではなく、「このようなことが勉強になった、ためになった」といった言葉を参加した人の意見や感想として入れることはとてもメッセージ性が高いのである。研修がいいことだということが学校全体に広まりやすいのである。

また全員が参加する研修では、前掲書『新装版 発達障がい児本人の訴え』を扱うのがよい。

この本には、発達障害の子が学習や学校の中で困ることが具体的に書いてある。自分の困る場面だけではなく、このように教えてくれたらよく分かるといった改善点も書かれている。しかもその場面は、よくある場面である。

その場面とは例えば、「国語でどんな気持ちと聞かれてもまったく分からない。反対にこのように聞いてくれると分かる」というような場面である。どの先生にも経験がある場面が扱われている、極めて重要な本である。身近な場面や具体的な授業、指導の場面での記述があるため、職員もイメージがわきやすい。

その中で、「前回までの復習」を扱っていく。もちろんポイントを絞っておこなう。

ポイント6

その時に大切なことは、

ポイントとなることは、参加者に言わせる。

ということだ。

例えば「『どこするの？』と子どもが聞き返すのは、教師の指示が長いため」などである。

研修の初めに土台を作り、さらに突っ込んだ内容に踏み込んでいく。この全体研修で、全体の共通理解ができたことになる。

❸全体研修の効果的な作り方

さらに、そこから一歩前進し、全員の共通理解を作る場として全員が参加する研修を仕組む必要があるのだ。例えば夏休みは全体研修をおこなう機会があるが、夏休みといっても、最近の学校は忙しい。そこで工夫が必要になってくる。

私が住んでいる岡山市では、終業式の翌日からプール指導が始まる。それが終わるのは、八月の一週目。同時に、中学校区の人権学習、校務分掌の出張、さらに職員作業、備品整理などが入る。補導も入る。それに加えて、各種校内研修が入ってくる。

つまり、子どもが来ないだけで、職員は毎日ほとんど学校に来ている状態になる。このような中で、いくら勉強になるといっても、わざわざ全員の研修を設置するのは、非常にストレスになる。

そこで、私は、関係が深い生徒指導の研修とセットでおこなうことを提案した。

生徒指導四五分、特別支援四五分という形。これは全員に喜ばれた。なにしろ、二日ある研修が半分になったのだから。

不思議なもので、研修を受ける時の職員のモチベーションも上がっていた。

同時に、生徒指導担当の先生も、自分の持ち場が半分になったことを喜んでいた。

3 職員を巻き込む研修は、職員のニーズに応えること

❶簡単なアンケートで職員のニーズをつかむ

校内研修を計画する時に大切にしないといけないのは、職員のニーズに合っているかどうかである。また何年か同じ学校で特別支援の研修を続けると、次のような問題が生じる。

(1) 内容のマンネリ化。
(2) 今までの職員と、新しく来た職員との知識の差。

この二つを解消するためには、「職員のニーズを知る」ことが重要になってくる。

校内には、研究、会議、学年会、各種部会など、時間的拘束を受ける様々なことがある。研修といっても、特別支援の研修だけとは限らない。特別支援教育の研修がそれとして、もともと位置づけられていないかぎり、わざわざ時間をとって研修に参加することは、多くの職員にとって苦痛でしかない。だから、まずニーズを探ることが必要になる。

ポイント7

私がコーディネーターになって初めてやったことは、アンケートをとることだった。これは簡単でよい。

①困っていること
②必要なこと
③知りたい内容

――などを自由記述で書いてもらう。

そうすると、必ず「効果的な指導を知りたい」というような内容が出される。

それらのアンケートを元にして全体の計画を立てる。そして、全体計画の中に研修を位置づけるのである。

例えば、子どもたちのトラブル解消のニーズが多ければ、トラブル処理の研修を入れる。すでに一度、研修を受けている人には、復習として再度、参加してもらう。

これが、職員のニーズがない状態で同じように「トラブル処理」をやれば、「またか！」と感じてしまう。しかし職員のニーズがあるからおこなうとなると、そうは思わないのである。人間の心理は面白い。

❷コーディネーターの必須三箇条

だから、次の三つをコーディネーターは常に意識しておく必要がある。

(1) コーディネーターとしてやりたいこと。
(2) 今の学校に必要なこと。
(3) 職員のニーズ。

これは、初めて研修をおこなうコーディネーターにとっても実は同じである。「学校に必要なこと」と「職員のニーズ」が「自分のやりたいこと」と合致した時に、職員研修は成功する。

職員のニーズを集める一番簡単な方法は先述のとおり、アンケートである。

これは、年度が始まって一カ月すぎた頃がちょうどよい。

子供たちの様子がよく分かり、どの教師も少なからず困り感を抱えている時期だから、具体的な内容が集まる。

その上で、職員のニーズを分類し、大まかな研修内容の計画を示すとよい。

この方法は、私が初めてコーディネーターをした時に使った方法である。当時、私は三〇代前半であり、全体からの反発も予想されたため、このような方法をとった。

結果、反対する人はいなかった。これを「自分がやりたいこと」、あるいは「重要だと思うこと」を中心にしていたら、反発があっただろうと予想される。

ここでいう職員のニーズは、学級担任だけのことではない。

私が重視したのは、学級をもっていない先生や管理職である。全体を見ている先生たちの意見は、非常に参考になる。学校全体で困っていることやニーズが高いことに正対して研修をおこなう。みんなが困っていることなので、研修の仕組みを作りやすい。また特別支援の考えを学校に導入していきやすい。

彼らの意見を活用すれば、全体の仕組みを作りやすい。例えば、「子どもが飛び出した時にどう対応するのか迷う」という意見があれば、そこから「○○小基本対応」という研修を提案することができる。これを、何もないのにコーディネーター発で提案すると抵抗感をもつ人もいるのだ。

情報収集は、アンケート以外にも学年会や生徒指導部会などの意見を活用すれば、簡単でタイムリーな情報が集まる。

4 伝えたいことは公文書を活用する

❶学校に適応できないのは発達障害が主たる原因ではない

授業技量を上げることが特別支援教育の本筋である。そのための研修をどのようにおこなっていくか。そこには戦略が必要となる。

私は保護者とのケース会を、年間一四〇回程度開催している。放課後はすべてケース会といったイメージだ。最近は、保護者からの指名がほとんどになった。

発達障害の多動衝動そのものが原因となり、学校で適応できていないということはもちろんあるが、それだけではない。例えば宿題一つとっても、「宿題の量が多すぎる」「宿題のやり方が分からない」「忘れ物をしたら休み時間も使って必ず宿題をさせたり、先生が確認をきちんとできる仕組みを学級で作っていない」など、様々な問題がある。教師側が指導を改善し、環境を調整すれば生徒の不適応がなんとかなるということが非常に多い。つまり発達障害の特性のせいで学校に適応できないというケースは、実は一握りなのである。

では、適応できない主たる原因は何か？

ポイント8

授業を改善すれば、困り感はなくなる。このようなケースがほとんどなのである。つまり、「授業力を上げる」ことが学校への適応につながるのだ。

これが本筋である。これを自覚しなければ、すべてがおかしなことになっていく。

❷向山洋一氏「授業の原則一〇カ条」のユニバーサルな力

授業力を高めるためには、授業の研修が必要だ。しかし、研修担当でもなければなかなかそのような場はもてない。私の場合は、毎月おこなっている特別支援ミニ研修の時間を使っておこなうことにした。ただし、特別支援を意識した内容でなければ違和感が生じる。

そこで、私が扱ったのが公的な文書だった。「みんなの特別支援教育――授業のユニバーサルデザイン化をめざして」(関西国際大学・兵庫県尼崎市教育委員会編)である。

この資料は、非常に実践的な内容になっている。具体的な授業の手法まで踏み込んで記されているものはそう多くはない。これはインターネット上にPDFでアップされており、誰でも見られるようになっている。ぜひ活用していただきたい。

この中で「授業スキルアップ10のポイント」というページがある。次のような内容だ。

(1) 一時に多くの指示を出してはいませんでしたか
(2) 教師の説明は端的でしたか
(3) 発問や指示は全員に伝わっていましたか
(4) 出された資料や教材は一目でわかる工夫をしていましたか
(5) 心地よいリズムとテンポがありましたか
(6) 空白の時間がなかったですか

(7) 教師は達成状況を確認していましたか
(8) すべての子どもがほめられ、励まされていましたか
(9) 教材提示、指示・発問の配列は適切でしたか
(10) 適切な学習環境でしたか

私はこの内容を見て声を上げそうになった。この「授業スキルアップ10のポイント」は、向山洋一氏の「授業の原則一〇カ条」とほとんど重なるからである。

私は研修で「みんなの特別支援教育」を紹介した後、「この元になったと思われる文書があります。今から三〇年前に教室の子どもの事実を基に作られた原則です」と前置きした上で、向山氏の「授業の原則一〇カ条」を示した。

そして二つを並べて、どこが同じなのかを参加者に考えてもらった。

例えば次のように、である。

(1) 一時に多くの指示を出してはいませんでしたか → 「一時に一事の原則」
(2) 教師の説明は端的でしたか → 「簡明の原則」
(3) 発問や指示は全員に伝わっていましたか → 「全員の原則」

参加者たちは両者の比較に熱中し、活発なやりとりがおこなわれた。発達障害に必要な公的な文章の内容と、向山氏の授業の腕をあげる法則の一〇ヶ条を比較するとほとんど同じである。研修の中で両方を比べてもらい共通性に気づいてもらった。このように作業を伴うと、記憶に知識が残りやすくなる。

❸特別支援教育は「特別」ではない

その後、「授業の原則一〇カ条」を演習形式で研修していった。特別支援教育の内容を扱った後なので、自然な流れになる。

「『一時に一事』というのは、脳の機能からも大切な原則です。キーワードは何でしょうか」

このように問いかけると、私の勤務校では参加者からすぐに、「ワーキングメモリー」という言葉が出てくる。今までの研修が生きていることが分かる。このように扱っていくと「授業の原則」の方がキーワードなので、脳の機能と実際の授業の実際の進め方が一致していることが分かる。

この研修をおこなうことで、特別支援教育の内容は、「特別ではない」ことがはっきりする。だから、参加者から次のような意見が出る。

> 発達障害の子を指導するためには、授業の原則を踏まえることが大切ですね。

このことを研修の翌日に配付する「特別支援教育だより」にも掲載した。

特別支援が必要な子どもへの対応で悩んでいた二〇代のある教師は、自分の毎日の授業をこの一〇カ条で確認するようになり、「以前に比べて、子どもが落ち着いているのを実感している」と話していた。

5 研修が始まる前から研修モードにする

❶ 研修の最初の導入はこう作る

復習を入れることで、参加者の意識が変わった。前回研修を受けたのに言うことができないという体験が真剣さをもたらすようになる。ある日の研修日程は、次のようになっていた。

【研修日程】
一五時五〇分～一六時一五分
（1）復習「ドーパミン」
（2）不安傾向の強い子の理解

ポイント9

私は、研修の最初は、復習から始めることにしている。
研修会場に入ってきた時のスクリーンには、問題が提示されている。そのことが布石となり、参加者たちを研修モードに引き込むのである。会場に入ってきた教師たちは、「あれ、なんだったたっけ?」というように、内容を話し合うようになる。

この時に扱ったのは「ドーパミン5」。

(1) 運◯（動）
(2) 変◯（化）
(3) 高◯◯（得点）
(4) 見◯◯（通し）
(5) 目◯（的）

余分なおしゃべりなどない。空白ゼロで一気に研修モードになるのが分かる。日々の忙しさの中で、いくら貴重な資料であっても、なかなか目を通そうとはしないものである。

だから、読ませる工夫が必要なのだ。このように問題を出しておくことで、初めて真剣に読み込もうとするのだ。

ポイント10

❷「言えなかった体験」が重要

人間は誰でも、一度聞くとなんとなく分かったような気になるものである。

しかし、聞いたことがあるのと、使いこなせるのはまったくレベルが違う。そのことに、体験を通して気づいてもらうのである。

> この前聞いたはずなのに、言えない。なんとなく言えそうだけど、言えない。聞いたはずだが言えない。

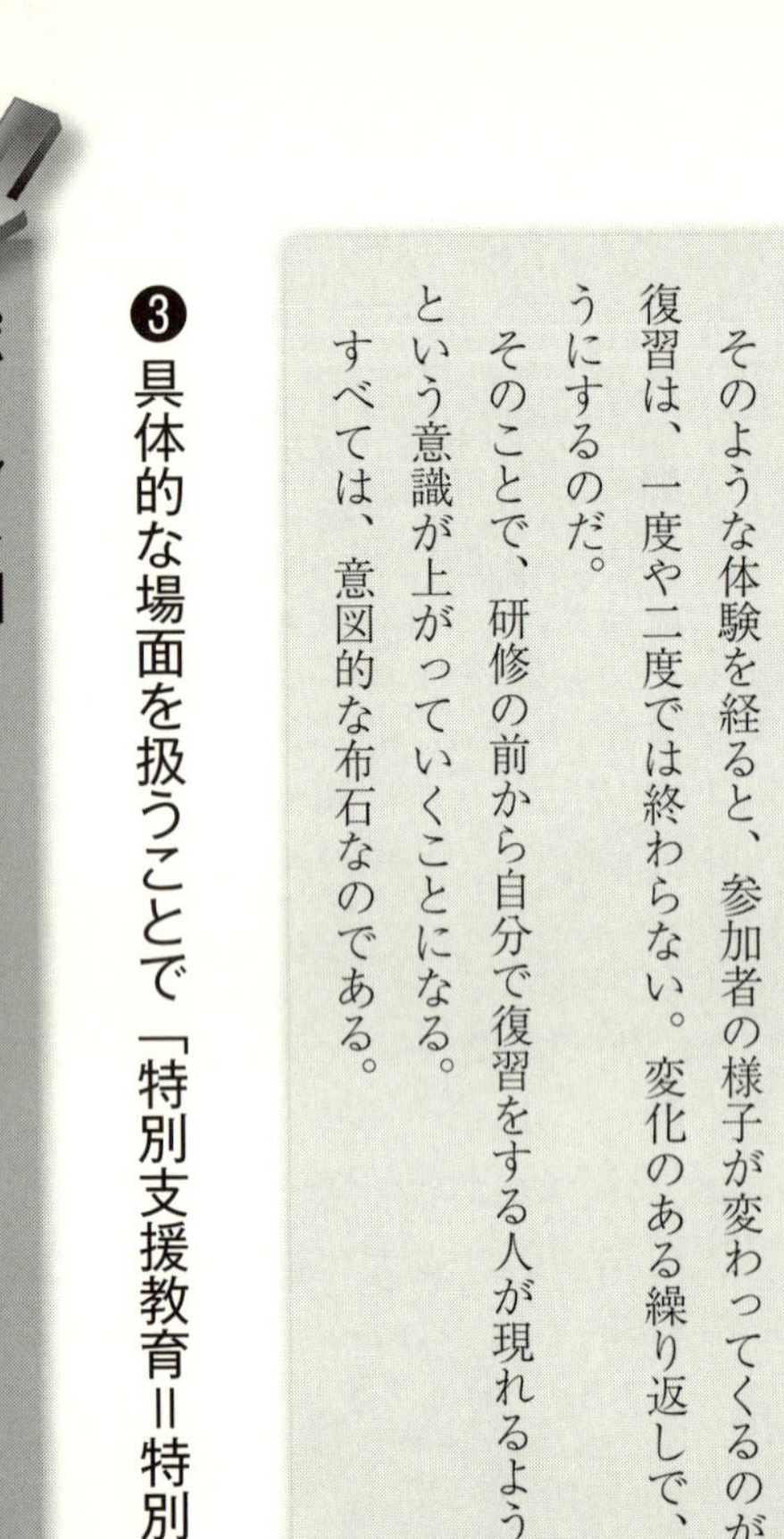

そのような体験を経ると、参加者の様子が変わってくるのが分かる。真剣度が大きく上がるのである。
復習は、一度や二度では終わらない。変化のある繰り返しで、次回だけでなく、その次の研修でも扱うようにするのだ。
そのことで、研修の前から自分で復習をする人が現れるようになる。こうなると、職員全体の「学ぼう」という意識が上がっていくことになる。
すべては、意図的な布石なのである。

❸具体的な場面を扱うことで「特別支援教育＝特別な子」というイメージを覆す

ポイント11

研修で扱う内容は、できるだけ具体的場面を取り上げるのがよい。そのことで「特別支援教育＝特別な子」という誤ったイメージが覆される。

向山洋一氏が特別支援教育を初めて紹介した時に扱った内容は、次のことであった。

「『教科書の二三ページを出して三番の問題をやりなさい』と言うと、『先生どこやるの?』と聞き返す子がいます」

教師のほとんどが「そういう子はいる」と答える内容である。誰でもイメージできる題材を扱うことで、自分のこととしてとらえることができる。

また、どの教室にも、教師の発問や指示の時に、ずっとノートを書いている子がいる。
「作業が遅れて、次の課題になってもまだ黒板を写している子はいませんか」
こう尋ねると多くの教師が、「どの教室にもそういった子がいる」と答える。
前の黒板を写しているので、当然、次も遅れてしまう。こういった子は、一見、学習をしているように見えて、実は脳の働きとしては、ほとんど学習になっていない状態である。
それを次のように問うことで、教師に気づかせる。

先生の発問・指示の時、その子はどんな活動をしていましたか？

その子は、前の課題を、黒板を見てがんばって写していたとしよう。

では、黒板をがんばって写している状態で、その子は「発問・指示」という情報を脳の中にインプットできていますか？

これは、無理である。

その子は、どんな学習をしたことになりますか？

思考しないまま、黒板を写し続けただけである。
だから、学習内容が理解できないのは当然なのである。

❹具体的な改善策を考える

このようなよくある状態を共有して、具体策を考えるとよい。

具体的な対応策としては、例えば、次のような対策が挙げられるだろう。

(1) 最初の書き始めを遅らせないようにする。
(2) 板書の量を調節する。
(3) 次の課題になったら、途中でも写すのをやめる。

しかし、最初からこうした改善策を提示すると、あまり効果はない。

先述のように、

「先生の発問・指示の時、その子はどんな活動をしていたか」

「黒板をがんばって写している状態で、その子は発問・指示という情報を脳の中にインプットできているか」

「その子はどんな学習をしたことになるか」

このように、一つひとつ誰もがイメージできる具体的な場面を取り上げながら一緒に考えていくことで、参加者たちは関心をもつようになる。

「特別なこと」というのではなく、「ああ！　そういう子、いるいる」という状態になれば、研修は成功である。

第2章 学校を巻き込む研修の作り方

❶カギは特別支援教育にある

学校は、特別支援教育だから変わる。

これが、私の心の底からの実感である。少しずつ少しずつ、しかし確実に学校は変わるのである。
それはなぜか？

ポイント12

特別支援教育というのは、脳の原理に基づいているものだから。もう一つは、特別支援教育は新しい概念であり、例えば国語、算数といった教科の伝統に縛られることなく、すべての教科領域に関係することだから。さらに特別支援教育の問題で、子どもも教師も困っているからである。つまりニーズもあるのだ。

私が勤務したある大規模校は、児童数一〇〇〇人。クラス数だけで四〇を超える。よって、ケース会も頻繁に開催される。
ケース会を通して、先生方の態度が次々と変わっていくのが分かる。ケース会で事例を分析し、子どもの行動の裏にある意味を説明する。

例えば、相手に石を投げて怪我をさせた子がいた。ASD（自閉症スペクトラム）の診断がおりている。担任は、

相手が何もしていないのに急に石を投げたから、この子は何をするかわからない。

と言う。しかし経過を聞くと、背景が見えてくる。

(1) 最初に、本人が相手に砂を投げていた。
↓積極奇異型のタイプ。ちょっかいを出しているだけ。
かかわり方が分からないのだ。

(2) 相手が「やめて」と逃げても、追いかけて砂を投げる。
↓相手がどう感じているのかが分からない。
たぶん、ウケているのだと勘違いしている。
その時の表情はたぶん笑っていたはず。（そうだった）

(3) 相手の子が、その子に砂を投げ返した。
↓これは、攻撃されたと感じているはず。

(4) そして、近くにある石を拾って投げた。
↓攻撃されたから、もっと強い攻撃をしようとするだろう。

ポイント13

このような行為の背景を、障害の特性とからめて説明していく。

担任はここで初めて、「そうだったのか」と意味を確認していく。

こうして確認すると、同じようなことが教室でも起こっていることが理解できる。そして同じ行為を見ても、見えてくるものがまったく違ってくる。

正しい知識、方法を知ることで、学校で起こっている問題の八〜九割は解消されると思う。

❷脳科学に基づいて、正しい指導の評価を

教師の指示に、すぐに反抗する子がいる。また、反抗までいかなくても、「えー」とか「なんで」というように不満の声を上げる子がいる。

こういった子たちの行動のメカニズムを教師は普通、考えない。


行動のメカニズムを知る。


行動のメカニズムを知ることで、「厳しく指導したら子どもが落ち着いた」という指示が間違っていることがわかる。さらに、そこから教師の常識をゆさぶる発問をしていく。

人間は、何かの情報が入ってくると、自動的に過去の体験や記憶と照らし合わせるようになっている。

過去の体験や記憶のことを「長期記憶」という。だから、感情や考えは、自分がもっている長期記憶に左右される。

つまり、反抗する子の長期記憶は、ほとんどがマイナスの記憶なのである。これで、やる気を出せという方が無理である。だから、厳しくしても怒鳴っても効果はない。

子どもの年齢が低く、屈強な男性教師が怒鳴って指導した場合、問題行動は減ることがある。

しかし、それは力ずくで押さえ込んでいるだけで、子どもの発達や成長といった部分で何の意味もないことは明らかだ。

脳科学の観点から説明しないと、短期的な視点でしか、指導の評価ができなくなる。

❸変わるべきなのは「子ども」か、それとも「教師」か？

ポイント14

このようなメカニズムを説明し、共通理解をした上で、研修で次のような問いかけをおこなった。

> 子どもの脳の状態を考えた時、変わるべきなのは「子ども」か「教師」か。

補助的に、「変えやすいのは子ども側か、教師側か？」という発問をするとより効果的だ。

今までの「子どもを叱る」「怒鳴る」指導は、すべて子どもを変えようとする指導だ。しかし脳のメカニズムを考えると、そうそう簡単には変わらないことが分かってくる。
このような教師の常識を揺さぶるような問いかけを研修で扱っていく。そこから、具体的な教師の手法について説明していく。

では、反抗する子への基本的な指導方針は何だろうか。

上手くいったという長期記憶を作る。

成功体験である。さらに、次のように問いかける。

意図的に成功体験をさせる方法をできるだけたくさん書いてください。

これは、実際に「書いてもらう」「言ってもらう」という負荷をかけないと意味がない。やってみると、ほとんど方策をもっていないことが明らかになる。だから、すぐれた実践に学ぶ必要があるのだ。

2 研修で生まれた、運動会での子どもの事実

❶パニックの連続だった運動会

特別支援の研修をおこなった年が、一番安定した運動会となった。支援学級全体も学校全体も含めての状態である。学校が大きく変わったと感じた。今までの成果が出たのである。

以前は、担任三人+支援員四人+保護者に入ってもらっても、運動会が円滑に進まなかった。子どもが急にいなくなる。不安が募り、固まって動かない。そもそも当日の朝に来ない……。

担当の教員はみな、運動会当日は携帯電話をもって動いていた。トラックの中に入って補助につきながら、電話で緊急連絡をすることもあった。

大変だったのは当日だけでなかった。運動会の練習期間中もパニックの連続だった。学習にならない。トラブルも続出。学校全体でも、不安傾向のある子が次々と登校しぶりを見せていた。

それがその年は、ほとんどそのような傾向が見られなかった。毎年のように作っていた、「誰」が「何時」、「どこ」につくか、というモザイクのようになった分刻みの対応表も作成しなかった。

支援学級の数は三クラスから七クラスに増えたのに、安定したのである。学校全体もそうだ。

❷教師の指導が運動会を変えた

なぜか？　変わったのは子どもの質ではない。教師の指導の変化である。

「怒鳴ること=子どもの脳を傷つけること」ということを何度も何度も研修で扱ってきた。その上で、「特別支援教育だより」でも何度も話題にした。

管理職からも全体の場で話してもらい、練習の時には巡回していただけるようお願いした。

さらにケース会を通して、不安傾向のある子については、保護者、担任と一緒に練習や本番の参加プログラムを作った。現在の状態に合わない子は、部分参加も積極的に取り入れた。

そのおかげで、参加できない子が「参加できないこと」によってイライラしたり、キレたりすることが大幅に減った。

また、教師自身が、子どもたちに無理矢理みなと同じことを求めることもなくなった。今よりも前進できるよう、個々への取り組みをしようとする姿も増えた。

本番では、支援学級の子と学校の中で不安傾向の強い子の休憩スペースとして、私の学級を使えるシステムも作った。毎年、その教室の前に私が立って、対応するようにした。

しかしその年はその活用回数がぐっと少なくて済んだ。代わりに、たくさんの大人がその場所に来た。ケース会をしているお母さんと一緒にお父さんが来て、お礼を言われた。おじいちゃんやおばあちゃんが来て、お礼を言われたケースもあった。孫とのつきあい方を相談に来られた方もいた。

かつて私が担任していた卒業生や卒業生の保護者、それだけでなく、ケース会で関わっていた保護者も来られた。いくつかの相談にものった。

3 子どものためになる教材採択の目を培う

❶ 算数の宿題、子どもたちはどこでつまずくか？

算数の宿題でイライラしたり、パニックになる子がいる。

共通しているのが、

「分からなかった時どうするか？」という手立てがない。


ということである。

計算ドリルなどで、答えに至る途中の計算が書いていないものは、取り組めない。発達障害の子たちに向いていない教材なのである。このことは、多くのドクターも指摘している。

これを解消するには、

(1) 自力で絶対に解ける状態にする。
(2) 教師が途中の計算を書いたものを渡す。
(3) 保護者に見てもらう。
(4) 答えだけでなく途中の計算も書いてある教材を選択する。

などが考えられる。

しかし、現実的に①〜③は安定しない。そこで特別支援学級では必ず④を選択している。

このような学校側の配慮によって、ケース会で出される困り感が解消していく。

❷ノートのデザインの違いでも子どもは混乱する

他にも、問題は山積みである。

(1) ノートに書かせることで扱うモノが増える。
(2) ドリル→ノートと、視点の移動が多くなる。
(3) ページによって問題数がバラバラ
(4) ノートへの書き方が分からない。安定しない。

「(4)ノートへの書き方が分からない。安定しない」というのは、計算ドリル推進派も困っていた。学力が低位の子、不安傾向のある自閉タイプの子は、やはりできないのだ。

そこで、各社が新しく作成しているのが「計算ドリルノート」である。計算ドリルの答えが書きやすいようにノートに印刷してあるのだ。これは一見、とても良い工夫に見える。ノートに計算ドリルの答えが容易に書けるよう、ドリルの問題番号と対応した答えがノートに印刷してあるのだ。問題をどこに書けばよいか一目で分かるようになっている。

しかし、このノートには重大な欠陥がある。


子どもが自分で答え合わせをする時に混乱する。

答えのページは、計算ドリルの縮小版のデザインに、答えが書き込んである。

これが問題なのだ。

自分が書いた「ノート」と、「答え」のページのデザインが違う。

だから、低位の子は、答え合わせの時にどこを見て良いのかが分からないのである。「自力で答え合わせができない」「答え合わせでミスする」という子が続出していた。

宿題では教師がついていない。自力で解決する必要がある。このような視点も合理的配慮を考える上で重要になる。

❸ 教材の善し悪しを研修で確認

ポイント15

そこで一年間の終わりには、教材の研修をおこなう。

私は、国語のテストを参加者全員に解いてもらった。すると、「このような問いでは答えようがない」とか「模範解答に納得がいかない」などの感想が出る。

同じように、漢字スキルを使って「ゆび書き」「なぞり書き」「うつし書き」「空書き」も体験してもらう。

計算スキルでは、答え合わせの読み方や二回目の練習の意味を知って、「は〜」と感嘆の声が出ていた。

一回目では二問コースや五問コースや一〇問コースを子どもたちは選択している。二問コースや五問コースを選び、まだやっていない問題がある場合、二回目の練習でまだやっていない問題に取り組む。そこで二度目の学習がおこなわれる。やり方を確認し、今、自分でやった方法の確認の後、自力で解決の場を与える。だから力がつく。その意味を知って驚いていた。
やはり体験は強い。いくら口頭で教材の良さを伝えても、体験ほどには伝わらない。
研修でおこなった内容は、通信で全員に伝える。これが大切だ。

私は、通信の内容を次のような見出しで始めている。

LDの専門家は、教材のどこを見ると思いますか?

その後、次のように続けた。
「四月の教材採択は本当に大切です。それは、そこで決めた教材を一年間使うからです。毎日使うものですから、本当に根拠をもって吟味しなくてはいけません。さて、多くのドクターが指摘する教材を見る時のポイントは何でしょうか? それは次のようなことなのです」

教材に取り組む時の「視点の移動」はどうなのか?

(1) 学習の邪魔になるような余計な刺激はないか?
(2) 視点があちこちに飛ばずに学習に集中できるかどうか?

だから、「キャラクターがいっぱいのかわいい教材」は、一見、子どもが取り組みやすいようで、実は刺激をふりまいて集中を邪魔していることが多いのである。

専門家の知見を入れることで、あからさまに反対する人はいなくなる。これが、次年度の教材採択に影響していく。

ここでは、参加者の実際に体験した声が重要になる。私個人ではなく、参加者の生の声である、ということが重要だ。

新年度は職員が入れ替わる。せっかく今まで築いたものがゼロになるのはもったいない。

そこで、新年度の初めにも参考としてこの通信を配付する。

このように、幾重にも布石を打っていくのである。

4 説明責任を果たす力をつける

❶ 薬についての常識を知る

薬を処方されている子、あるいは処方を検討されている子が校内でどの程度いるだろうか。ここ数年で非常に多くなっていると感じている。

薬について、次のような発言を聞いたことがあるだろう。

(1) 副作用が出るから、薬は飲まない方が良い。
(2) 薬を飲むようになったから、何とかなると思う。
(3) なかなか学習に取り組めない。薬を飲んだ方が良い。

これらの意見は、どれも間違いである。

例えば、多動・衝動性の症状に対して処方される薬に、「コンサータ」や「ストラテラ」がある。

コンサータ……即効性あり／副作用あり
ストラテラ……即効性なし

だから、(1)(2)の発言が、どれだけおかしいか分かるだろう。例えばストラテラを服用している子について、(1)副作用が出る、(2)薬の効果が出る、とする意見はおかしい。

(3)はどうだろうか？　これも「学習に取り組めない」＝「薬が必要」とはならない。

例えば、WISC（子ども用の知能検査：Wechsler Intelligence Scale for Children）で「ワーキングメモリー」が低い子どもが学習に取り組めないという場合、原因は、授業が「口頭指示中心」であることにある。口頭指示は耳から入るので消えていく。よって口頭指示が増えるとワーキングメモリーで処理しきれなくなり、学習に取り組めなくなるのである。また、ＡＳＤの診断だけなら、即効性のあるコンサータはほとんど処方されることはない。

ポイント16

このような発言は、「薬」というイメージだけで語っているということが分かる。こういった無理解な発言をなくすためには、最低限の知識を全体で共有する必要がある。

❷日常場面で理解してもらう

薬の理解は、薬の説明をおこなうだけでは深まらない。具体的な日常場面を通して理解してもらうとよい。

例えば次の事例では、どこに問題があるだろうか？

> Ａ君には、登校してすぐ、黒板を見て連絡帳を書かせている。
> Ａ君はコンサータを服用しているが、気が散って取り組めない。
> また、取り組んだとしても、連絡帳の字はとても乱れてしまう。

このような指導はコンサータの特性を理解していれば、ありえないケースである。コンサータは、服用から効き目が出るまで一～二時間と言われている。だから、朝の時間は充分に効いていない可能性が高いのだ。

だから、子どもに任せるだけでなく、教師が積極的にプラスの関わりをもつ必要がある。

このような薬についての基本的な理解を教師はもつべきだ。

「コンサータ」と「ストラテラ」の違いについて理解していないと、次のようなNG発言が出てしまう。

「薬を飲んだのに、前と全然様子が変わりません。だから、薬が効いていませんね」

薬がストラテラだった場合、変化がないのは当たり前だ。先述の通り、ストラテラには即効性はなく、薬の効果が現れるのは三～四週間後になる。

最近は、教師より保護者の方が知識をもっているケースが多い。そのような保護者にこういう発言をしたら、信用はがた落ちになるのは分かるだろう。

では、次の発言はどこがNGだろうか。

コンサータを飲み始めて、給食が以前より食べられなくなりました。薬の副作用による「食欲不振」になっていると思います。

医者がいう副作用の食欲不振というのは、給食だけをさすのではない。朝食もあるし、夕食もある。また、おやつなどの間食も食欲に含まれる。

一日のトータルの食事の量で、以前の食欲と比較する。給食だけで判断すること自体がおかしいのである。

朝、薬を飲んでいるとすれば、給食時間というのは非常に薬の効果が出ている時間帯であり、食欲が落ちやすいのが当たり前である。

それを思い込みで「副作用が出ています」などと言えば、保護者は不安になってしまうのだ。このような思い込みの発言で、せっかく薬が効くタイプの子どもが飲まなくなるという事例も生じている。

また、保護者とのケース会でよく出される相談は、宿題についてである。


先生から「子どもの宿題を見てください」と言われるので、この間は夜中まで泣きながらやらせました。


これは大問題だ。睡眠不足という悪影響以外に、実はここにも薬の問題が隠れている。コンサータの効果が持続するのは一二時間とされている。つまり、朝、八時頃に服用したとすると、夜の八時頃には効果が切れるのである。

だから、それまでに宿題をどうやって終わらせるか、あるいはその時刻を過ぎたらやらないというプログラムが必要なのである。

第3章

NG指導を研修で共有する

1 事例から正しい指導方法を学ぶ

❶ 学校で起こりがちな、指導の典型的な失敗例

ある教師が廊下でＡＳＤの男の子に指導していた。最初は素直だった男の子が、最後は文句を言ってその場を去っていった。これが、典型的な対応の失敗例だ。ちなみに、この教師はベテランでとても対応が上手な方だ。しかし後で聞いても、なぜ失敗したのかは分からないと言う。これが問題なのである。

この男の子は、反抗挑戦性障害があり、コミュニケーション能力も低い。相手の意思が表情から読み取れないことも多い。しかし、この教師とはよく交流があり、嫌ってはいない。

教師「A君。B先生を鉛筆で刺してるんでしょう?」
子「うん」
教師「いけないでしょう? B先生、すごく痛がってやめてほしいって言ってたよ。謝った?」
子「いいや」
教師「どうするの? B先生、怒ってたよ。許してくれないよ。許してくれなかったら、もうお世話してくれないよ。お世話してもらえなくてもいいの?」
子「ええよ!」
教師「いいの? B先生いないと困るでしょう?」
子「別に困らない! いなくてもいい」

その教師は、怒って去っていった子を見て、「あの子はなかなか素直になれない」と思っていたそうだ。同じようなやりとりは、多くの学校でされているのではないだろうか。

しかし、この失敗の意味が分からないと特別支援教育などできないのである。

❷「指導のねじれ」が子どもの誤学習を生む

では、どこが典型的な失敗なのだろうか？

ポイント17

それは「指導がねじれている」ことにある。つまり、これでは子どもにとって学習にならないのだ。逆に誤学習をさせていることになる。

この教師の指導は簡単に図式化すると、こうだ。

鉛筆で刺す　↓　B先生にお世話してもらえなくなる

これでは、「B先生にお世話してもらうために刺さない」ということを学習させようとしていることになる。

これはおかしい。正しくはこうならないといけない。

鉛筆で刺す↓　わざとでなくても、ちょっとでも、理由があってもやってはだめなこと

先のような指導のねじれを、非常にしばしば学校現場で見かける。
しかし、結局は子どもが悪いとなるのだ。
大人の対応で、どれだけ簡単に誤学習がおこなわれているのかが、よく分かるだろう。
私はこの子どもに対して、次のように対応した。

小野「A君、こっち来て。まじめな話。他の人に聞かれたくないから、小さい声で言うよ」
A君「うん」(と言いながら、近くに寄ってくる)
小野(A君の耳元でささやくように話す。目線は合わせず、同じ方向を向いて、かがんで話す)
「小野先生、聞いたんだけど、A君はB先生を鉛筆で刺してるんだろう?」
A君「うん」(先ほどよりは神妙に聞いている)
小野「冗談でもわざとじゃなくても、絶対にだめなことだから、もうやめな。軽くやっても、傷がついたり、鉛筆の芯が中に入ることがある。そうなったら『事件』になって、ごめんなさいではすまなくなるよ。だから、もうするなよ」
A君「うん、分かった」
小野「よし、じゃあ、B先生にも他の先生にも、そう言っておくからな。鉛筆でつつくだけじゃなくて、ペンでも他のものでもだめだよ。全部、暴力になるからな」

その子は「ハイ」と返事をして教室へ戻っていった。素直な態度だった。
対応や指導のねじれが子どもの誤学習を生むのである。

2 脳科学を根拠にしてNG指導をなくす

❶よくある三つの指導、なぜNGか？

ポイント18

「見通しを示すことが大切」といったような効果的な、指導方法を紹介するだけでは、学校現場は変わらない。それと共に、実際によくおこなっている行為が実はNGなのだということに気づいてもらう必要がある。必要だからと思い込んで指導していると、それが二次障害につながることになる。
そこで、研修ではどこの学校でもよく見かけるNG指導をいくつか取り上げるのである。

私は多くの研修で、最初に次の三つを取り上げる。

(1) 新出漢字の指導で、最初から鉛筆でノートに書いて練習させる。
(2) 作文が極端に苦手な子に、「なんでもいいんだよ。自由に書きなさい」と指導する。
(3) 大声で怒鳴る。

(1)は毎日の学習場面、(2)は特に発達障害の子が苦手とする場面、(3)は生活指導場面の、代表的なものを取り上げるのである。それぞれについて私個人の考えを言っても、参加者たちの納得は得られない。たとえそれが、実際に効果がある事実であっても、納得しない。これが学校の特徴である。

どんなに良い内容でも、参加者が「それは小野個人の考えだ」と感じると伝わらない。教育や授業に対する考え方、そしてそれぞれの教師が積み重ねてきた体験は、人によって様々であるからだ。

だから、いきなり「効果的な指導法を紹介します」という研修の進め方では、成功は難しい。最初の導入は、個人の考えに左右されない「原理」から始めることが重要である。

そこで、研修では脳科学を裏付けにする。これなら納得するのである。

(1)は、ホムンクルスの絵を提示して指先の感覚器官が強いことを示し、実際に「ゆび書き」「なぞり書き」「写し書き」のステップを体験してもらった。

(2)は、『発達障害の子どもたち』（杉山登志郎著、講談社現代新書）の中から、「どこからどこまでが遠足なのか分からない」という事例を紹介した。例えばお弁当を食べている時、バスに乗っている時など、子どもたちにとってはどの場面も遠足である。その一部を切り取ることが難しく、「どこからどこまでが遠足なのかが分からない」ということになるのである。

(3)は、次のような例を挙げて説明した。

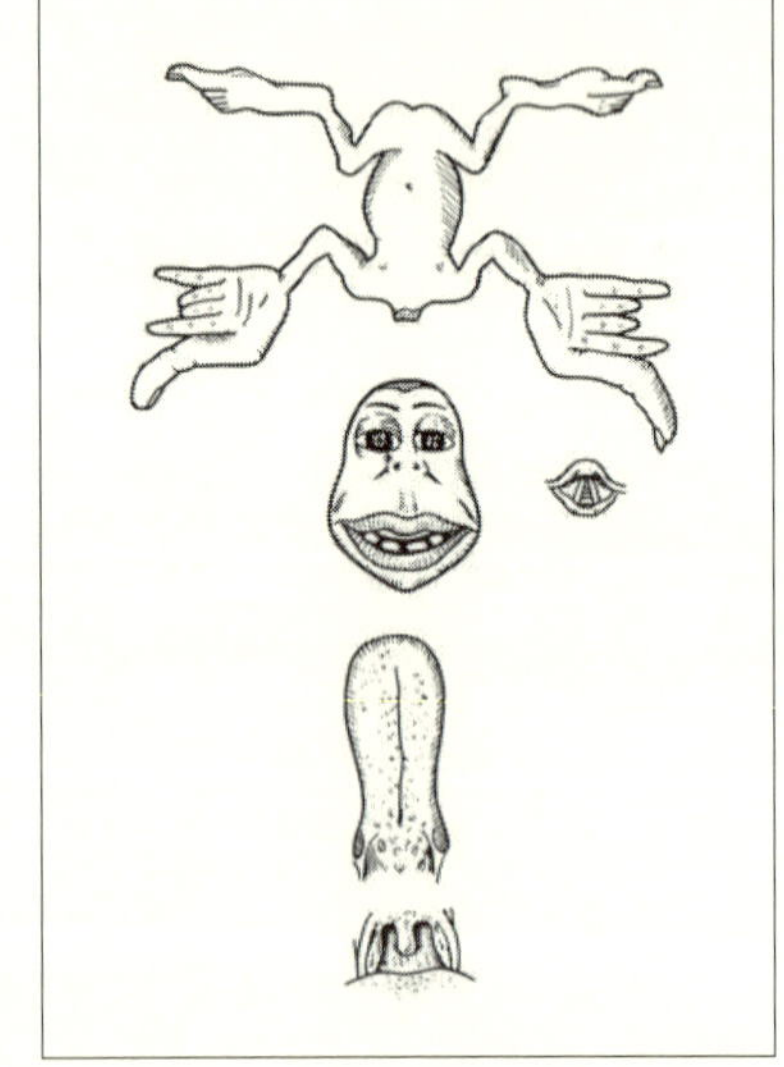

ホムンクルス

（1）大声でパニックになった子

運動会の練習中に大声で怒鳴って指導しました。その時、自閉症の子がパニックになりました。自分が言われたのではないのに、です。その後、数年の間、その先生の声を聞くたびに怒鳴られたことを思い出してパニックになりそうになっていました。これがフラッシュバックです。

（2）WISCで「理解」が低い子

「理解」の項目が低い子は、社会的なルールを理解するのが難しいのです。だから、自分なりの間違った解釈をして、失敗や叱責の経験を多く積みます。それが続くと、「何もしないことが安全」という思考になる危険性があります。他人が怒鳴られているのを見ても同じです。自分も言われるかもと思うのです。不登校の危険につながります。

学校生活の中で怒鳴る場面というのは、「問題行動を瞬間的にとめること」ぐらいしかないことを説明した。

❷二次障害を生み出さないために

その他に、特別支援教育の内容であればワーキングメモリーを扱う。これが、脳の原理だからである。

ポイント19

脳科学的に何がＮＧ指導であるかという共通認識ができれば、確実にＮＧ指導は減っていく。そのために、脳科学を使うのである。

私は通信にこう書いた。

ワーキングメモリーは「脳のメモ帳」とも言われ、一時的に脳内にとどめておく短い記憶のことです。

大きく四つの機能があります。
(1) 視覚（視空間スケッチパッド）　視覚情報（目で見る）を扱う。
(2) 聴覚（音韻ループ）　聴覚情報（耳で聞く）を扱う。
(3) エピソード（エピソードバッファ）　できごと、音楽などを扱う。
(4) 中央実行系　(1)〜(3)の調整機関
このワーキングメモリーには限界があります。数字なら七前後、文字なら六前後、単語なら五前後と言われています。このことが、発達障害の子への指導で気をつけなければならないポイントです。


向山洋一氏は、「教科書の二三ページを出して三番の問題をやりなさい」という指示では子どもは理解できないと述べている。誰もが授業でやっている指示であるが、ワーキングメモリーの観点から見て、発達障害の子は、この先生の指示では分からない。向山氏の例示のすごさが分かるだろう。ワーキングメモリーの本質をついているのである。誰も反対ができないし、今後の内容をずっと貫いていくからである。

そこで次のように指示を分解する必要がある。

(1) 教科書を出す　(2) 二三ページを開く　(3) 三番の問題をする　→　三つのワーキングメモリーが必要

ポイント20

この後は、よくあるNG指導を研修名として明記する。最初に明記することで、研修を受ける教師の視点を、「よくないＮＧ指導を知るのだ」ということへ向けさせる。そのことでＮＧ指導とは何かということに焦点化できるのである。

一生懸命聞いても分からないのに、「ちゃんと聞きなさい。この前も言ったでしょう」などと叱ってしまったということがないだろうか。

これを続けていると、何が起きるか？

「反抗挑戦性障害」という二次障害になってしまうのである。

セルフエスティームが下がり、「自分はどうせだめだ」「自分ばかり注意される」などと思うようになる。

そして目がつり上がり、教師や大人に反抗するようになる。

こうなると指導は大変である。また、治療も大変である。

学校や教師が二次的な障害を生み出す可能性があるということを知っておかなければならない。

3 脳の原理でNG指導の風土をなくす

❶「神経回路を描いてください」

ポイント21

厳しく指導しなければ甘やかしてしまうといった「風土」が、学校現場には根強く残っている。こうしたＮＧの風土をなくしていくためにも、脳の原理から学習することが重要である。

研修では、特別支援教育の出発点として、よく出す問題がある。

神経回路を描いてください。

これは、まず描けない。

しかしこれが描けないと、特別支援教育を理解しているとは言えない。

それほど重要な図である。

神経回路（神経ネットワーク）

ニューロンが、シナプスを介して
相互に結合した状態にあるもの。

興奮伝達の機能をもつ
樹状突起
つながっていない
軸索
神経細胞（ニューロン）

脳内では、神経細胞から神経細胞へと電気信号が伝達されている。そのことによって、情報を享受できたり、思考ができたりするわけだ。

しかし、ここで不思議なことがある。

神経細胞と神経細胞の間には「隙間」がある。

これで、どうやって電気信号が流れるのだろうか。

豆電球の回路で考えてみるとよい。隙間があいていて明かりがつくだろうか。

❷神経伝達物質の重要性

隙間があっても電気信号が流れるのは、電気信号を運んでくれるものがあるからである。それが、神経伝達物質である。

このうち、次の三つについては、教師なら知っておかなければならない。

(1) ドーパミン ―― 元気、やる気、集中力
(2) セロトニン ―― 安心感、癒やし
(3) ノルアドレナリン ―― 緊張、覚醒

神経細胞間の隙間のことをシナプスという。このシナプスに、右の神経伝達物質が適度に漂っていないのが、発達障害の問題なのである。

このことを共通理解した上で、次のことを提示する。

(1) ドーパミンが足りない時にいくら厳しく叱っても集中できない。
(2) 教師の授業行為によって、これらの神経伝達物質を子どもの脳内に分泌させることができる。

これは、多くの教師の意識を変える。どの教師も今まで「やっても意味のない行為」をやってきているからである。

そして、このことは、

厳しく叱らないと甘やかしてしまう。

という学校現場に根強く残っている主張を消すことになる。

4 当たり前におこなわれている指導を疑ってみる

❶授業の初めに挨拶は必要か？

例えば、次のような事例をどう考えるだろうか。

授業の初めに、「今から三時間目のお勉強を始めます。気をつけ、礼」という挨拶を必ずするよう指導される。

なぜ、授業の初めにこのような挨拶が必要なのか？

このような疑問に対しては、次のような答えが一般的ではないだろうか。

授業と休み時間のけじめをつけるために、挨拶は必要だ。

そこで、私は次のように尋ねた。

「授業の初めに挨拶をするから、けじめがつくのですか？　逆に、挨拶をしないとけじめはつかないのですか？」

とにかく、学校で決まっていることだから、合わせないとだめだ。

これでは、まったく問いに正対していない。

私は当時、学校で一番大変だと言われたＡＤＨＤ（注意欠陥・多動症）の子を担当していた。反抗挑戦性障害を引き起こし、授業に興味がわかなくなると、机にすぐに突っ伏した。

当然、授業の挨拶などはしない。「良い姿勢をしましょう」と言われている時に、ごそごそと体が動く。周りの子にもちょっかいを出す。それを注意すると、キレて教室を飛び出す。それで授業に入れなくなる。だから、前担任はその子が「良い姿勢」をしなくても、見て見ぬふりをしていた。

これで、けじめがつくのだろうか？

当然、周りの子は見ている。そして、本人も挨拶をしていないという自覚がある。本人は「やりたくない時はやらなければいい」という誤学習を積んでいることになる。また、周りの子も「あの子はできなくてもいいんだ」という誤った認識をもつことになる。

当然、教室には緩んだ空気が流れ、けじめがついているのとは正反対の状態になっていく。

周りの子にこの思いが蓄積されていき、自分もしなくていいんだという態度が見られ始めるようになると、クラスは荒れていく。

❷学校現場は「目的」と「手段」を取り違えている

これで、けじめがつくと言うのだろうか？

そして「それでも厳しくやりなさい」という指導でこの子が教室を飛び出した責任は、誰がとるのだろうか？

そもそも、授業の初めの挨拶をしたからけじめがついたという研究はどこにもない。

逆に、授業の最初から活動を始めるスタイルで、「教室にけじめがついた」「ＡＤＨＤの子が集中して授業の最初から取り組んだ」という事実はたくさんある。

しかし、このような事実を示しても、指導は何も変わらない。いったい学校現場でやっていることは何なのかと思う。

この事例を専門家に相談すると、ＡＤＨＤの特性を根拠に、授業の初めに活動する良さを説明してくれた。

学校の問題は次の点にある。

目的と手段とを混同している。

「授業と休み時間のけじめをつける」というのが「目的」である。

一方、授業の開始に挨拶をするというのは「手段」である。

学校で多くの常識とされているのは「手段」である。

手段であるから、方法は様々あって良い。様々な手段の中から、目的に沿ってもっとも効果のある手段を採用していく。これが、ごくごく当たり前のことではないだろうか。

しかし、

(1) 黒板周りの前面掲示をおこなうような指導。

(2) 一時間の流れが分かるように板書を書くという指導。
(3) 授業の最初に、必ず「めあてを書く」という指導。
(4) 算数の問題解決学習の授業展開の強制。
(5) 学び合いの学習で、児童の席をコの字型にするという指導。

これらは手段が目的化してしまっている指導である。
こうした指導が学校現場には実に多いのである。

5 「当たり前」を疑う研修　その１——教室現場を題材に

以下に、教育現場で当たり前におこなわれている行為が、本当に子どものためになっているのかを実際に扱った研修を紹介する。

❶子どもが悪いことをした時の言葉かけ

小野　「子どもが悪いことをした時に、子どもが『ごめんなさい。もうしません』と言いますよね。先生方ならどういう言葉をかけますか。はい、お隣の人に言ってください。先生が言われる言葉ですよ」

参加者「絶対しないでね」

小野　「同じようなこと言う人？」

参加者（多数挙手）

小野　「だいたいそうですね。では、次のような言い方はどうでしょうか」

約束だよ。次は許さないぞ。

小野　「これはだめです。ＮＧです。その理由を近くで話し合ってみてください」

参加者（しばらく話し合う）

小野　「手を挙げている人、どうぞ」

参加者「『次は許さないぞ』と言っているので、次にした時に許されないと思って『はい』と言えない」

小野「なるほど、そうですね。自閉の子などそうですね」

参加者「『許さないぞ』と言っても次にまた起こるので、その時の対応が難しい。だからこれは約束してはいけない」

小野「そうです。『次は許さないぞ』と言っても、絶対にするでしょ？　一〇〇パーセントするでしょ？しかもできるだけ短い時間でするでしょ（笑）。そしてどうせ許すでしょ？　だから『次は許さない』と言ってはだめなんです。

そしてそれは先生に対してだけではないんです。先生の言葉を子どもたちは聞いています。先生は子どもたちにとって鏡のような存在です。だから、周りの子どもたちが許さないんです。『○○ちゃんが言った！』『またした！』と言うでしょう。

自分（そう言った子）もしているじゃない、とこちらは思うのですけれど、子どもって、正義感を振りかざして詰めちゃうのですよ。そうやって、悪いことをした子を孤立させてしまう。

じゃあ、どうしたらいいですか。お隣と話してください」

参加者「『しないようにがんばります』って言いなさい、と指導します」

小野「ああ、いいですね。実際に、どんなふうに言いますか？」

参加者「しないように、がんばりなさいよ」

小野「『がんばりなさいよ』は、ちょっと強めに言うんですね。

私は、子どもが『もうしません』と言ったら、「いや、するよ」って言います（笑）。そして、『わざとしちゃだめだよ。でも多分しちゃうよ。人間だから。先生だってしちゃうもん。次、した時どうしたらいいか考えようね。いけないな、だめだなと思ったら、できるだけ早く謝ろう。

気づかなかったら、先生教えてあげるから。（子どもに手を振って教える動作をして）こうやったら、はっと気づくんだよ。腹が立っていても、我慢する努力をしような』と言います。次の時も、先生が手を振ったら、『はっ！』って気づいて、『そうだ！』と思ったりするじゃないですか。その『はっ！』っていう時は、一瞬がんばろうと思っていますよね。それは前頭前野を働かせていることになるので、学習効果があるのですよ。

それを後で言って強化します。『よく我慢したね。もうちょっと我慢したらできるね。がんばれ、次』と言ったら、できるようになります。

『もうだめだよ。許さないぞ！』と言って子どもがやめるのだったら、支援など必要ないですよ。私が担任してきた子は、我慢ができないようなお子さんがとても多かったです。すぐに繰り返します。一番すごいのは、「ごめんなさい！　もうしません」と言って自分の席に帰る時に、もうしますからね（笑）」

❷「大きな声で読みましょう」はNG

次の事例。これもよくある指導です。

クラス全員に指示を出す（「大きな声で読みましょう」）

小野　「この指示ではだめですよね。どうしてだめか分かりますか。『大きな声で読みましょう』。これ、だめです。となり同士、相談して下さい」

参加者「どれくらい大きい声で読めばいいのかイメージがわかない」

小野　「そうですね。例えば『今日は学校に行きました』という一文を読むとします。『みんな大きい声で読んでみましょう』と言うと、中には怒鳴るような大声で読む子がいるでしょう？　こういう子を叱ってはだめです。こちらの指示通り、大きい声を出しているのですから。これは教師の指示が悪いのです。

どうしたらいいかというと、『先生と同じ声、同じリズムで読みなさい』と言います。それが範読です。先生が範を示すのです。そのために読むのですね。

（落ち着いた感じで）『今日は学校に行きました』。みなさん、言ってみてください」

参加者「今日は学校に行きました」

小野「先生と同じ声ではないですよ。もう一度」

参加者「今日は学校に行きました」

小野「『先生と同じ声、同じリズムで読みなさい』と言うから声がそろってくるんですね。

小野学級（特別支援学級）を参観された先生が『小野学級では本読みの声が小さい』と言っていました。個々に違う学習をおこなう支援学級では、大きな声で読むと他の子の邪魔になることがあります。だから、音読の声の大きさを私がやってみせたのです。

『そうそう。いい感じ。それで読もう』と言いながら進めていくと、周りの子どもにとっては、音読の声が「あの子は一生懸命やっているな」という刺激にはなっても、「あの子、邪魔だな」という刺激にはなりません。

周りの子が邪魔だなっていう顔をしたら、先生が「もう少し小さい声で……そう！　いいぞいいぞ！」と言うと、周りの子は反抗できません。

そうやって、だんだんだんだんできるようにしていきますね」

❸「みんな」という言葉は最悪NG

小野　「『みんなよくできたね』と先生たちはよく言いますね。それは最悪の言葉です。なぜでしょうか。はい、相談してください」

参加者「『みんなよくできたね』というのは、全員がやっていないことがあるので、それを認めてしまうことになる」

小野　「そうですね。全員じゃないでしょう。リップサービスはだめです。

以前、私が担任したＡＤＨＤ傾向の子は結構、学力が高い子で、頭の回転が速いのです。その時の私のクラスに来て、「飛び込み授業一〇分ぐらいやらせてください」という先生がいたのですが、だいたいその子にかき回されました。

その子、読んだふりをするだけです。（口をぱくぱくさせて）こんな感じです。やったふりをして、読まないのですよ。なぜかというと賢いので、「やんなくてもできるよ」「めんどうくさい」という感じなのですよね。そんな読み方をしているのに、『みんなよくできたね』と言うと、その子は「へっへーん」です。

でも私は見逃しませんので、その子の方を向いて「ニヤッ」とすると、その子と目が合います。その子は「やばい」というような顔をします。私が「読む?」と尋ねると、その子は頷きます。

そこで「どうぞ」と声をかけます。

『ではもう一度読んでもらいますけれど、読んでいない人がいますので、前に出てきて一〇分ぐらいやってもらいます』というと、その子はものすごく一生懸命やっています。そのような詰めが必要です。

若い先生は、『いつも言っています』『毎日言っています』『目の前ではしていないですけど、言わなきゃいけないのかなと思って『みんないいね〜』と言っています』と言っていましたが、絶対、「みんな」と言ってはだめなんですね」

❹「よくできたね。立派」もNG

小野　「次の事例です。

ある子が漢字テストで一〇〇点を取りました。

『よくできたね。立派だね』

これ、だめです。だめというより、よくありません。理由を話し合ってください。

これは家庭でも同じです」

参加者「もし次に九〇点だったら、『できたね』とは言えないから」

小野　「その通りですね。特にこだわりが強い子、負けを認められない子がいるでしょう。一〇〇点じゃなかったらテストをびりびりに破く子、いるじゃないですか。そういう子には、絶対に言ってはだめです。

また、潔癖症に近い女の子も一緒ですね。傷つくのですよ。だめになっちゃうのですよ。

「立派」じゃなくて評価しなくちゃ。『よくがんばったんだね』ならいいんです。『良かったね』もいいですね。

こだわりが激しい子、キレるのが分かっている子がいるじゃないですか。その子には、一〇〇点を取った時よりも八〇点で我慢した時の方が褒めますね。めちゃくちゃ褒めます。

『一〇〇点とって良かったな。でもね、一〇〇点取るくらい努力したことがいいんだよ。次もがんばろうな。その努力をして八〇点でもそれはそれで価値があるからね』そうやって伏線をはっておいて、そうして八〇点で我慢した時に『おいで』って言います。『先生、めちゃくちゃ嬉しかった。前だったら君は怒っていたね』と聞くと、『ものすごく切れて、テストをびりびりと破いていました』とその子は言っていました。『いやあ、すごいなあ。先生、がんばったことを書いてあげるから、連絡帳持っておいで』『いやあ、本当にすごいなあ』って、何回も褒めます。『これから先ね、だんだん一〇〇点取れないテストが出てくるかもしれない。でも我慢したんだね。これはすごいことだよ。大人になってきたなあ』って言いながらこんな感じで褒めます」

❺「なんであんなことしたの」「正直に言ってごらんなさい」もNG

小野　「次の事例です。
大事な花瓶をこわしてしまいました。
先生方はこういう時、『なんであんなことしたの』と言いますよね。
似たようなことを言ったこと、ありますよね。これはどうしてよくないのか？」

参加者「その子自身もなぜしたのか分かっていなかったかもしれないから。教師だったらそれよりも、『怪我はない？』って言ってあげた方がいいかなと思いました」

小野　「『なんであんなことしたの』って、分かんないでしょ。衝動性がある子なんて、落としたかどうかも分からないでしょ。それを問い詰めると『俺じゃない』って言ったりもしますよね。『正直に言ってごらんなさい』と言っても、子どもからすると、正直に言ってよかった試しがありません。校長先生のところにつれて行かれるかもしれません。長丁場になるかもしれませんし、おうちの人を呼ばれるかもしれません。

そうじゃなくて、『ひょっとしたら当たったかもしれない？』と言うと、『う～ん』って言いますね。

だから、聞き方によって違うんです。直接言うと、だめですね」

6 「当たり前」を疑う研修　その2――家庭学習を題材に

次は家庭での学習について、保護者の方に話した内容を研修で紹介した様子。

共通する課題は、「宿題の出し方に根拠はあるのか」ということである。

❶合理的で、感覚を活用した漢字指導

小野　「学習した漢字をノート一ページすべてに書いてくるような宿題を見たことはありませんか。

私は子どもの頃、まず木偏だけ書き、次に横棒を書き、というようにしていました。すると飽きてきて、次は斜めから書いたりなどしていて、一本線を書くのを忘れて、先生に叱られました。

『濃さが違う』と言われた時は、時々鉛筆を変えて、書いていました。

では、なぜそのような書き方はいけないのでしょうか」

参加者「途中でめんどうになってしまって、何も考えずに書いてしまうから」

小野　「漢字は図形として認識されますから、「めんどくさい」と思った瞬間に、脳にインプットできなくなります。ただ手の運動をしているだけの状態になるわけです。繰り返しても意味がありません。

では、どうやって家で漢字の練習をさせますか。例えば、『覚えるまでやってらっしゃい』と言います。その場合、どこまで書けばよいかが分かりません。

だから次のように言います。

『何も見ずに空中に書けるようになるまで、練習しなさい。できたらおうちの人に見てもらい

なさい。それで間違えたら自分で机の上に指で練習しなさい。二、三回、全部合格だったら覚えたということにします』

このように基準を示すわけです。

それでも調節ができない子、たくさん漢字を書きすぎる子がいる場合には、書く量や指示を修正します。例えば、自分の名前や住所の文字は結構難しい字でも、だいたい書けますね。もう覚えてしまっています。また、その字はよく練習しています。

そのような文字は、練習する必要ありますか。また、数字の「一」という字と自分の苦手な漢字と同じ量だけ練習する必要はありません。そのようなありえないことを結構やっているわけです。

『自分の覚えていない字を練習してきなさい。どの漢字にするかは任せます』と言って、チェックはテストの時にします。

次の方法は、効果のある漢字練習法です。ご存じですか。向山洋一先生の実践です。私はお家の方には必ずこの実践方法をおすすめします。

小学校五年生で、五〇問テストが一問も書けない子がいました。その子が半年で六〇点くらい取れるようになりました。お家の方に、一日、二、三文字でいいので、晩ご飯を食べる前にチェックしていただくようにお願いしました。ただ子どもが書くのをチェックするだけです。

実際にやってみましょう。指を出してください。「米」という字を、書き順にそって『一、二、三……』と書いていきます。自分の顔より少し大きめくらいに書いてみましょう」

参加者「一、二、三……」

小野「六は『ろーく（払い）』です。ひじを伸ばして書いてみましょう。そうすると少しどきっとします。

小さな動作と大きな動作では、どちらが緊張感を伴うか。やってみれば分かりますね」

参加者「一、二、三……」

小野「私くらいの声をだして。『一、二、三……』。

今度は周りに見てもらいましょうね。教室を半分にします。右側の人から書いてください。

見る方は結構じろじろと見てあげてください。

では、簡単な字にしますね。空港の『空』です」

参加者「一、二……」

小野「『空』は結構簡単ですが、見てもらうだけで緊張しますね。これも体験の一つです。

では、次は左の人から書きます。空港の『港』です」

参加者「一、二……」

小野「ドキドキしますね。人に見てもらうとチェックされるので緊張するのです。指で書いて練習させてから、空中に書かせて確認してください。晩ごはんの前が一番いいです。

その空書きも、子どもが間違えることがあります。

さて、その時に次のように対応するのは良くないんです。

『間違えたから特訓します。鉛筆持ってきて、ノートに一ページ書きなさい』

これは絶対にだめです。面倒だと思ったら、もうやらなくなります。続かなくなります。必ず指で書かせてあげてください。鉛筆は学習の一つの道具です。

脳内地図によれば、人間の感覚器官で一番大きいのは口です。その次に指がとても大きいんです。だから指という感覚器官はとても優れているので、指を使って漢字を子どもに書かせ、それを見てあげましょう、というように説明します。

何度も何度も説明をしても、お家の方はノートに鉛筆で書かせることがあります。家庭での漢字学習の取り組みを始めてからも、ケース会などでお家の方と話をする時には、必ず漢字の書かせ方をチェックします。

家でのやり方を二、三回チェックすることで、初めて安定してきますね。

『絶対に鉛筆を持たせないでください。二文字か三文字程度でいいです。そして、できたら「いただきます」と言って食べましょう』

そうすると子どもたちは晩ご飯の前にチェックがあると分かり、繰り返すうちに自分で漢字スキルを開くようになります。必ず一週間以内にそうなります。そうなったらたくさん褒めてあげてください。

お家の方には、『「自分からしたね！」と言ってください』と伝えます。

お家の方は子どもの漢字練習をチェックしながら、早く自分から開かないかな、と思っています。そして、次に会った時には『先生！　出しました。三日目で！』と報告があります」

❷算数ドリルは答えを堂々と見ていい

小野　「次です。計算ドリルの答えを持たせない。これはよくありますね。計算ドリルの一問目で分からなかったら、ずっと分からないままです。

例えば皆さんがフランス語の勉強する時に、日本語訳がないと読めません。それを『がんばりなさい』と言われても、できるようになりません。できないことをさせているということです。

だから、答えを持たせないということは、答えがなくても大丈夫な状態にして学校から帰さないといけない、ということです。それは結構、厳しいです。

『答えは堂々と見てもいいです』と伝えます。でも、お家の方はものすごく抵抗が大きいです。『えっ。答えを見せていいのですか』と。『見せてもいいですよ』と、同じように説明します。

また、次のことも伝えます。

『答えを見せると、ずっと答えだけ写すと思っていませんか。そんなことはありません。例えば、答えを横に置いてごらん、合っているかどうかちらっと見てごらん、ちらっとだよ、ちらっと見て、分かったら書けばいいよ、分からなかったらもう少し詳しく見ようね、一問解いたらすぐに答えを見ようね、と話してください』

するとお家の方は、『でもそうしたら先生、一番の答えを見ませんか』と尋ねてきます。その時は、『見てもいいのですよ』と答えます。

そのようなやりとりをすることで安定していきます。分からなかったら答えがあるという安心感があるから挑戦できます。できなかったらすぐに答えを見せる。正しい答えを写させる。そしてできた問題、できなかった問題に印をつける。後でできなかった問題だけやり直す。

これが、効果のある勉強法です」

❸九九が苦手な子に練習させる

小野　「次です。九九の勉強はすでにしているけど、なかなか覚えられない。その子に「六×七は?」と何の前触れもなく聞くのは間違いです。なぜでしょうか」

参加者「完璧に覚えていないのに答えてしまうと誤学習になってしまう。それで覚えてしまう」

小野　「完璧です。六×七＝四八と言ったとします。

子どもは、たぶん六×七＝四八だろうなと思っています。そういう覚え方をしています。その記憶を、頭から引っ張り出してきたのですね。

その時に口の器官を使ったわけです。間違いの六×七＝四八がさらに強化されています。さらにそれが耳に入り、六×七＝四八という間違いが強化されていきます。

その後で先生は「違う。六×七＝四二」と言います。耳で一回入れただけです。

どちらが強いですか。六×七＝四八が強いです。これは当たり前ですね。

ちょっといい先生は「間違いですよ。六×七＝四二だよ。言ってごらん」と言います。これでイーブンになります。

もともとあった記憶を思い出して一回。耳で聞くことで記憶に入った九九を、声に出して言うことで一回。これでイーブンです。しかし、これでは練習していないのと同じなのです。しかし、もともと頭の中にあった記憶は強いので、六×七＝四八をまた繰り返します。

保護者は、覚えるのをゆっくり待ってあげられず、早く覚えてほしいと思います。

そうすると、早く覚えさせるためにどうしますか」

参加者「九九を読ませる」

小野「読ませるのがいいです。正しい答えだけを感覚器官を使って唱えさせ、耳から入れていきます。

この繰り返しをしていくと、唱えるだけですからいつかは覚えます。

さっきの漢字練習と一緒です。お家の方には、『六の段を二回読んでから晩ご飯、「いただきます」をしてください。「六×七は？」などと聞いてはいけませんよ。聞かない方がいいですよ』と伝えます。

今のような説明をしないと、お家の方は大切な我が子のことなのでテストをしようとします。お家の方はよかれと思っていても、子どもはだんだん嫌いになり、失敗が続き、努力の割には定着をしないことになります。だから必ず読ませます。

私はクラスに九九表の下敷きを持っているので、「自由に使いなさい、どうぞ使いなさい」と言って子どもに使わせています。苦手な子だけが使うのではなく、全員が使える状態にする。だから苦手な子も使おうと思えるようになるのですね」

❹日記が苦手な子を上達させる

小野「次です。お家の方がよく言うことは何ですか」
参加者「書く内容が決まっています」
小野「私も言われました。私の子どもの頃の日記は、最後の二行は「とっても楽しかったです。明日も楽しみです」でした。これで二行書くことができると思っていました。他にありませんか？」
参加者「字が汚い」
小野「字が乱れている。汚い」
参加者「漢字を使わない」
小野「習った漢字を書かない。そうですね。漢字を使っていない。文章が短い。羅列した文章ばかり。こう言われたら皆さんはどうしますか。一〇〇パーセント言われますけどね。
例えば次のように答えるとよいでしょう。
『上達にはとても大事なことがあります。それは学習する順番です。一気に全部やると上達しません。私は今まで、子どもを見て、経験則でどのくらいで上達します、ということを伝えていました。
日記はまず、毎日書くのが大変です。これが習慣化するまでに時間がかかります。元気な男の子などはなかなか難しいですから、だいたい一カ月は最低かかると思ってください。これは、脳科学的にも根拠があるのです。くせがつくなど、やっていてそんなにしんどい状態ではなくなるという時があります。やっているうちに慣れてきたということです。それは神経ネットワークができてきたと判断してもいいことです。だいたい二〜三週間です。土日をはさむとだいたい一カ月くらいですね。例えば四月の授業開きから始めて、ゴールデンウィークあたりを過ぎると、だいたいお子さんがイヤと言わなくなると思います』

このように言っておかないとしわ寄せが来ます。また子どもは余計書きません。だから、最初は出しただけでいいのです。二行でも三行でもいいのです。しかし、二、三行しか書いてないと、先生が認めることができないのですよ。

先生方は最初に『毎日出すのが大切だよ。短くても出そうね』と子どもに言います。しかし短い日記を出したら『えっ、二行だけ⁉』と評価しています。『もうちょっと書けるでしょう。書いてきなさい』って。

このような指導をしてはだめです。最初の目的は毎日書くことなので、出した人を褒めていく。このようにして、最初は毎日、日記を書かせることを重視します。そしてだいたい四月の終わりか五月の終わり頃に、『そろそろ皆さん、日記を毎日出すのが、しんどくなってきたでしょう』と言います。すると子どもは『そうだ』と言います。このように意識させることも重要です。だんだん楽になると思います。時間も必ず短くなります。また、お家に帰る時に『「今日はこれを書こう」と思ったりしませんか』と言うと『するする』と答えます。そういう友達の声を聞いて、初めて自分もしようという子もいます」

❺長く書く

小野　「次は、長く書く力ですが、苦手な子が長く書くためには、まず事柄を箇条書きにし、羅列するような書き方が必要です。

例えば、今日学校に行きました。それから一時間目は国語をしました。二時間目は算数でした。ちょっと難しかったです。三時間目は社会をしました。全然分からなかったです。四時間目は体育をしました。とっても楽しかったです。

そのように書けば一ページぐらいは埋まります。最初はそのようにすることが必要です。それが一ページ、二ページまで平気で書けるようになってきたら、今度は内容を考えるようにすればいいのです。

『最初は一～二行だったのが、事柄を羅列するようになったのは、やる気の表れじゃないですか』というようにお家の方には話をします。

そうすることで初めて、お家の方は子どもの意欲や努力を感じることができるのです」

❻詳しく書く

小野　「そして最後。一つのことを詳しく書く、です。

例えば、『今日は算数の分数について書いてみましょう』というように、テーマは何でもいいです。体育の跳び箱について書いてみましょうなど、いろいろな内容で書いていきます。さらに、授業の中で作文を書くなど、授業と日記とを合わせて上達させていきます。

また、『書き出しを工夫しましょう』といって、書き出しを練習してもいいですね。

「今日は、算数の時間に初めて分度器を使いました」という内容から書き始める。

それだけで二行になるのです。家でちょっとがんばったら書けるのですから。そういうふうにしていく。変化したことを褒めたらいいのですよ。ずっと羅列だったのが、偶然でも算数のことだけ一ページ書いていたら、ものすごく褒めますよね。これが変化した時です。その変化したところがどこなのか、というところを子どもに合わせて見つけて指導するのが先生の力なのです。子どもの成長なので、そこまで計画して取り組まなければいけません。前の時よりこれだけできるようになりました、と具体的に指導していかないと力がついていきません。そしてこのような取り組みを続けていると、例えば私のクラスだと一〇ページ以上、平気で書いてくる子も出てきます。

ただしそうなるとやり過ぎになってしまうので、やり過ぎないように止めます。だから私は、たくさん書いてほしいという心配よりも、たくさん書きすぎてしまい、家でものすごい時間を日記に費やすことを心配するように、一学期の途中からはなってきます。

だからお母さんに、『書きすぎはだめですよ。あんまりあおらないでくださいね。時間を決めて、その時間までに書けるようにしましょうね』というふうに話していきます。

このようにして取り組むうちに子どもに力がついていき、自分の伸びが分かっていき、日記が楽しいと思えるようになってくるということです。

このように保護者会で話をすると、多くの保護者から、家庭での子どもへの対応が変わったという感想をいただきました」

第4章

効果的な指導につながる実践的な研修

1 具体的な演習を取り入れる

❶反抗する子への研修

ポイント22

研修では具体的な事例をいくつも取り上げる必要がある。
まず、基本的な指導方針は次のようなものである。

上手くいったという長期記憶を作る。

つまり、成功体験である。

多くの教師はそのことを知っていても、教室では正反対のことをやっている。このような矛盾を研修では扱いたい。
まず、次のことを確認する。

(1) 指示「ノートに書きなさい」
(2) 子「書けました」

(3) 賞賛「よくできたね」

簡単に言うと、これが成功体験である。教師の指示・発問や課題に対して「できた」ということである。しかし、反抗する子の場合、次のようになる。

(1) 指示「ノートに書きなさい」
(2) 子「イヤだ」(書かない)
(3) 叱責「ちゃんとしなさい」

つまり、このように直接的な指示ではだめなのだ。そのことを共通確認する。

❷ 間接的に関わる

直接の指示ではだめなので、間接的な関わりをおこなう。

ただ、指示するだけでノルアドレナリンが出ることが分かっている。ノルアドレナリンは緊張感を伴う物質である。だから、指示では反抗の子への効果は期待しにくい。そこで、「指示→褒める」にして、子どもの行動を変容させる。

もうノートに書いている人がいますね。

このように間接的に褒める。そして、少しでもしようとしたら、それを褒める。そして、少しでもしようとしたら、それを褒める。

これも直接褒めると反抗が予想される場合は、全体を褒めるようにすればいい。

このような手法を多用して、直接その子を褒めることができる土壌を作っていくのである。「間接的な指導」の意識がないと指導は難しい。

❸間接的に褒める方法

ここで引き出しを増やすために、同じような手法を紹介する。

> (1) 自分で○をつけさせる。
> (2) 隣同士で○をつけさせる。
> (3)「できた人?」と手を挙げさせて、全体の中で褒める。

さらに、反抗が生じにくい状況で褒める手法も活用する。

> (1) ノートを全員もってこさせる中で、○をつける。
> (2) 宿題・課題ができたら、印鑑を押す。

全員の中でなら安定するし、○を嫌がっても印鑑は大丈夫なことが多い。

このように、様々な手法で成功体験を作り出すことが重要だということを伝えていく。

2 実践的な研修が、職員を元気にする

❶喧嘩両成敗の研修

今までで一番好評だったのが、演習を取り入れた研修だった。

中でも、喧嘩両成敗の研修は反響が大きかった。

ポイント23

あらかじめ「特別支援教育だより」で問題を出しておく。

> こだわりの強いＡＤＨＤの子がトラブルを起こしました。その子と相手の子の言い分をしっかりと聞いているうちに、さらにお互いがヒートアップしました。どうすれば良かったのでしょうか？

まず、ありがちなＮＧ行為を掲載する。多くの教師は同じような経験があるため、興味をもつことになる。

このトラブル指導は、多くの若い教師が困っている。


この会の研修には、日頃はなかなか時間的にゆとりがない若い教師がたくさん参加していた。

また、ベテラン教師も和やかな中で、若手と一緒に演習をおこなっていた。

❷喧嘩両成敗の手順

1　こだわりがある子から話を聞く。
①小さな声で話させる。
②受容しながら聞く。
③相手の子に口を挟ませない。

2　相手の子から話を聞く。
①黙っていたことを褒める。
②こだわりがある子に口を挟ませないようにする。

3　自分のしたことに、一〇点満点で点数をつけさせる。
①点数を低く言いそうな子から言わせる。
②「四点」なら「六点分も反省しているんだね」とこだわりがある子の前で褒める。
③こだわりのある子にも言わせて褒める。

4　悪かったことだけ謝らせる。
①どちらが先に謝りたいか選択させる。
②相手がいいよと言うまで何度も謝ることを教える。
③謝れたことと、相手を許したことを取り上げて褒める。

5　次にどうするか教える。
①解決できてよかったねと一緒に喜ぶ。

②次に喧嘩した時は、またこうやって解決すれば良いことを教える。

この研修のアンケートに、次のような感想があった。

トラブルがあると「ハ～」とため息をつきながら対応していました。明日からは、やり方が分かったので、ニコニコしながら対応できそうです。

これを書いたのは二〇代の教師である。やり方が分かることで、「どうしよう」から「やってみよう」に変化した。

具体的な演習が、明日からの元気を生み出した。

3 映像を使った研修で思考させる

❶ 映像は短いものを使う

校内でおこなう研修ならば映像を使った研修も効果的である。

ポイント24

映像を見ることで、実際の指導の場面がイメージできる。使用する映像は、「(1)上手くいった場面」「(2)上手くいかなかった場面」のどちらでも構わない。研修の主催者が年齢的に下の立場であれば、「(2)上手くいかなかった場面」を用いることをお薦めする。

ただ、映像なら何でもいいというわけではない。

短く区切ったもの。

これは映像を使う際の絶対条件である。だらだらと流してはいけない。私の場合は、三〇秒から一分程度である。長くても二分以内が望ましい。

時間が短いと、繰り返して見ることができる。

これが重要な意味をもつ。

❷実際の研修場面

「話す・聞くスキル」の指導で、ＡＤＨＤの子が指示通り練習していない場面を研修に使った。

小野学級で飛び込みで授業した、若い先生の映像である。

事前の情報は、「指示どおりに練習していない子がいます」ということのみ。三〇秒程度の映像を見て、多くの教師が「やっていない子」を発見した。

そこで、次の発問を行なった。

> (1) その子につられて、同じように練習していない子がいます。どの子ですか？

この発問に、誰も答えられなかった。つまり、目には見えていても、「情報として見えていない」ということが分かる。

目立つ子がいると、そこにばかり意識がいってしまい、周辺情報を見逃してしまうのである。そのことを体験してもらった。

発問をして、その後で同じ映像を見る。すると、今までの見え方が変わってくることが分かる。短い映像だからこそ可能だ。

> (2) 途中まで、何をやっていいか分からない子がいます。

これは、分かった人もいた。さらに、もう一度映像を見る。

(3) その子が分かるようにするには、教師の指示をどう変えればよかったでしょうか。

ほとんどの教師は、どのように変えればよいか分からなかった。

「全員起立。三回読んだら座ります。始め」

これが指示であることを確認して、再度、映像を見た。

「全員起立」で、ざわざわとなっている。そこで指示するから分からないのである。

そこで再度、指示の順番を考えてもらった。

「三回読んだら座ります。全員起立」

この順番での指示が良いことを確認した。

たった三〇秒の映像の中に、様々な情報が隠れている。そこに気づくことができるようになると、授業の見方が変わってくる。

第5章

特別支援研修を核とした校内支援体制づくり

1 校内支援体制づくりを研修だけで終わらせない

❶持ち込まれる相談自体に「問題」がある

私は校内で年間一四〇回程度のケース会をおこなっている。また、セミナー等でもたくさんの質問が出されるが、そこで持ち込まれる相談の内容は様々である。

校内でもセミナーでも、相談内容の多くが「問題」である。問題というのは、子どもの状態をいうのではない。質問自体の内容が「問題」なのである。

では、どこが問題なのか、具体例を挙げながら考えていこう。

【ケース1】
クラスの子が登校しぶりをしています。
先週と今週とで三日ずつ休んでいます。どう対応したらいいでしょうか。

このような形の相談がほぼ八割を占める。典型的な「問題」だらけの相談である。

どこが問題だろうか?

ここでは紙面の都合上、子どもの情報が少ないということは抜きにして考えていただきたい。

この質問のもっとも重大な問題は、

初期対応ができていない。

ということである。

先週と今週で六日も休んでいる。動き出すのが圧倒的に遅いのだ。

不登校の場合、対応が遅れれば遅れるほど対応が難しくなっていく。できれば休む前に兆候をとらえたい。それが難しい場合は、せめて一日目あるいは二日目に相談をかけるべきである。

このような相談のシステムが、文書として学校にあるだろうか。そして、それが活用されるようなチェックシステムがあるだろうか。

私の勤務校では、「問題行動・不登校」ファイルを週に一度の学年会で記入してもらい、それを関係者で回覧することになっている。そして、回覧ファイルにはそれぞれがアドバイスを書くことになっている。だから、回覧を見る方も真剣にならざるを得ない。

回覧されたファイルは、再び学年に返すシステムになっている。また必要であれば、ケース会等の介入をこちらからおこなう。この方法で、遅くとも一週間以内に問題の把握がおこなえるようになり、かなりのケースで初期対応が成功した。


【ケース2】

クラスの子が登校しぶりをしています。昨日、今日と二日間休みました。どう対応したらいいでしょうか。


二日間休んだ時点で相談に来ているのは良い。

しかし文面の通り、相談が「丸投げ」状態なのである。

そうなってから、先生は何をしましたか？


こう聞き返すと、「何もしていない」というケースが非常に多い。

これは、「心配はしている」が、「自分で解決しよう」とはしていない。要は受け身なのである。

かつて、向山洋一氏へのQ＆Aがセミナー等で盛んにおこなわれた。

この時、質問を出す方はみな足が震えていた。それは、質問の際に次のような不文律があったからである。


質問をする時には、その質問に対する自分の考え（手立て）を示す。その上で質問する。


だから、その問題に対して真剣に向き合わなければ質問などできないのだ。質問の前に、いくつもの方法を探り、やってみる。その上で相談するのが当たり前だった。

このような受け身の教師には、共通点がある。


問題の原因を「子ども」「家庭」「障害」に置く。


「問題のほとんどは、障害のせいではないですね。学級経営や指導に原因があるのではないですか？」

これが、ある著名な小児科医の言葉である。私は本質をついていると思った。

受け身の姿勢では、特別支援教育はできない。

❷数値があるから成果が出る！ 調査結果の活用法

	①学年×60字	②9割以上	③6割以上	④100字未満	⑤200字以上
1年 60字	99.3%	99.3%	0%	5.8%	
2年 120字	79% (77.7%)	83.4% (77.7%)	4.8% (8.1%)	15.1% (17.6%)	
3年 180字	85.3% (54.2%)	88.8% (63.2%)	3.4% (8.3%)	2.7% (6.3%)	
4年 240字	58% (56.6%)	72.1% (58.3%)	4.5% (11.7%)	6.8% (7.2%)	75% (68.3%)
5年 300字	36.6% (37.3%)	46.6% (49.3%)	12.2% (17.2%)	0.8% (2.2%)	79.4% (77.6%)
6年 360字	31.7% (43.6%)	38% (59%)	7.4% (5.9%)	0.5% (1.6%)	98.5% (95.2%)

上の表は、一〇〇〇人規模の学校全体で、一〇分間で視写がどこまでできるか調査をした「一〇分間スピードチェック」に取り組んだ結果である。

この調査法の元になっているのは、海浦小学校（熊本県）の実践である。海浦小学校は様々な必達目標をテーマとして研究をおこなった。その中の一つである視写の項目では「学年数×六〇文字」を基準に、それを必達目標として学習に取り組んだ。

上の表は、その海浦小の研究数値「学年×六〇文字」を基準に、一学期と二学期の二回にわたっておこなわれた調査結果である。（　）の数値が一学期の数値である。

このような具体的な数値は大切である。

こうした数値で表さないから、教育現場にはエビデンスのない実践が横行するのである。

例えば、書くことを研究した学校がある。その学校の研究のまとめには、次のような記述がある。

研究を通して、児童に書く力が身についた。

いったい何を根拠にこのようなことが言えるのか。書く力が上がったというならば、例えば前記のような測定が必要となる。

私は、データ結果を元に、次のことを提案した。

ポイント25

⑴視写の苦手な児童（③「6割未満」と④「100字未満」）には、LDの可能性がある。二回ともこの二つの数値を下回っている児童は、来年度への引き継ぎが必要である。

⑵視写教材を使っている学年が、一学期の調査に比べて、大きく数値が上がっている。視写教材の採用をやめた六年生は数値が下がっている。トレーニングで視写の力は上下する。視写の学習を全校で取り入れることが重要ではないか。

視写というのはとても大切なものである。なぜなら、黒板の板書を写すことも視写であるからだ。しかし、手元にあるお手本をそのまま写すだけでもものすごく労力がかかるということを教師が知らないのだ。しかも学校の中では、視写ができない子に対するトレーニングはほとんどおこなわれていない。私たちは書けることを前提に学習をしていたが、思っている以上に書けない子が多いということが調査を通じて浮き彫りになった。

同校では、視写をする時に、子どもに視写ができているかどうかを確認したり、励ましたりする取り組みを授業の中で増やした。そのことだけで全校の視写の数値が上がったのである。その成果がこのデータに表れている。

2 次につながる組み立てをする

❶校長の理解なしに、NG指導は学校からなくせない

校長会で講演をおこなった。市内の一般の先生方も話が聞けるように案内を出したとのことで、四〇名を超える参加者が集まった。

一般の参加者が多くいるとはいえ、メインの対象は校長先生たちである。

大きくは、次のような組み立てで講演を進めた。

(1) ADHD（注意欠陥・多動症）の特性と基本対応。
(2) ASD（自閉症スペクトラム症）の特性と基本対応。

ポイント26

(1)(2)では実際の映像を見せて、特徴と具体的な対応を話していった。その中で、「怒鳴ることの害」「過度な行事指導の害」「予定変更の害」なども話していく。

校長先生の表情がみるみる変わっていくのがよく分かった。どこの学校でも当たり前のようにおこなっていることだからだ。このようなNG指導を学校からなくすには、校長の理解なしにはできない。

❷脳の仕組みの視点で良い教材・教具を見分けることを伝える

次に扱ったのが、脳の仕組み。

> 脳の仕組みとワーキングメモリー。

少し専門的な話になるので、楽しく演習を入れながら進めていった。

ここで強調したのは「教師の指導」と「教材教具」である。長い話は理解できないことや、全面掲示の害などについて話していった。演習で実際に体感し、理論的な説明があると納得する。

さらに脳の仕組みに基づいて、様々な「教材・教具」の功罪とＴＯＳＳ教材の良さを、理論と子どもの事実を基に話した。実際に「あかねこ漢字スキル」（光村教育図書）とほかの漢字ドリルとを比較して考えてもらった。

一見、同じように見えても、まったく作り方や考え方が違うことに気づくと、会場からは「あ〜」という歓声があがった。

> 子どもたちにとって効果のある教材を見わける目をもつことの大切さを感じました。

これは、閉会の言葉で校長先生が話した内容である。

公的な会の校長先生の発言というところに意味がある。

「その会で何を伝えるか」。これは校内の研修でも大切な視点である。

第6章

一年間を見通した「特別支援教育だより」

1 参加者の声を発信する意味

❶感想を書いてもらう

研修の最初は「ワーキングメモリー」から扱うことを前に述べた。

小野個人の意見ではなく、脳の原理（＝決まっていること）だから職員は納得するのである。

この原則は、どんな取り組みにおいても活用できる。このミニ研修でもそれを活用する。

「特別支援教育だより」に参加者の声を載せる。

ポイント27

参加者に感想を書いてもらうと、私からの一方的な伝達ではなく、参加者と私の双方向、ツーウェイ関係が生まれる。また感想に、困っていたことや悩み、上手くいったこと、自分のクラスにもこんな子がいるなどのことを書いてもらうことにより、職員間で思いを共有することができる。そのことによって能動的に研修に参加してくれるようになる。

さらに感想から参加者のニーズが分かるので、ニーズに対応した本を紹介したり、セミナーを紹介したり、研修をおこなったりする。ニーズに対応しているため、受け取る方もありがたい。反対に私の側から一方的に情報を発信すると、拒否反応を示す人もいるのである。一方的に情報を出すのではなく、ニーズに対応して提示すると受け入れられやすい。

だから、私は必ず研修の最後に感想を書いてもらうのである。


感想を書いてもらうために用意するシートで注意すべきなのは、次の二点である。

(1) 短い時間で書ける。
(2) そのまま使える。

感想を書くスペースは、三～四行程度、書ける程度の広さでいい。これには意味がある。広いスペースの感想は、校内のミニ研修では向かない。時間がかかるし、そもそも多くの先生方は、感想を書くことに慣れていない。だから、変に構えてしまったり、面倒に思ったりするとそれだけで抵抗がある。

最初は、わざわざ紙を職員室に持ち帰って考え、次の日に持ってきた人もいた。それからは、時間を区切って、その場で書けることだけを書いてもらうようにした。

そういった配慮も校内では必要になる。また、分量が少ないと通信にも載せやすくなる。

❷ 参加者の声＋小野の意見

ポイント28

参加者の声は、中心になる一文を載せる。二文を要約して一文にすることもある。

また、特に大切なことは、その声に小野の意見もプラスして強調することもある。

○日頃、授業で言っていることの中に、子どもにとって困難な課題が多いことに気づきました。
○発達障がいの子に限らず、指示の出し方・話し方に気をつけないといけないですね。
↓そうですね。発達障がいの子だけでなく全員に効果的なことですね。（小野）

❸マイナス意見も活用する

時には、マイナス要素の感想が寄せられる時がある。

○つい、いろいろな指示を出してしまっていると反省しました。
ただ、限られた時間の中で毎回、逐一、丁寧にすることも難しいと思いました。

↓とても大切な指摘です。そうなんです。「逐一、丁寧にする」のは、よくないのです！

指示しなくても動けるようになる工夫を考えたいですね。どこかで扱います。（小野）

こうした意見も有効に活用する。

この意見が、学級経営の研修をおこなうきっかけとなった。

ただ研修というのは短い時間でおこなうので、要約的にならざるを得ない。

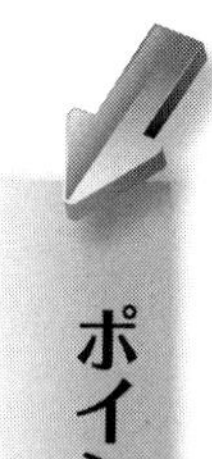

ポイント29

しかしもう少し勉強したい、関連したことを知りたいという人は出てくる。困っていることや興味関心は違うので、そこに付随する周辺情報を紹介していくと、それが役立つ先生もたくさんいる。

そのような先生方は研修への参加率が高くなり、子どもたちに対してはより積極的な対応指導、新しい取り組みをおこなう人になっていく。

❹本の紹介の波及効果

研修で本を次々に紹介していると、次のような反響がある。

最初の反応は、支援員の方だった。学びたいが、何を買ったらいいか分からない。小野先生のすすめる本はどれも面白いとのこと。そこから周りの職員への影響が増えていった。

(1)「アクティブ・ラーニングについて職員に紹介するための本を教えてほしい」
(2)「若手の研修で効果のある方法はないか」

(1)(2)とも、管理職からのリクエストである。
(1)では、『アクティブ・ラーニングでつくる新しい社会科授業』(北俊夫・向山行雄著、学芸みらい社)。
(2)では、『めっちゃ楽しい校内研修——模擬授業で手に入る〝黄金の指導力〟』(谷和樹・岩切洋一著、学芸みらい社)を紹介した。

このような波及効果が次々と生まれてくるようになった。

ポイント30

また私の勤務校では、龍馬君の本『発達障害児本人の訴え』（東京教育技術研究所）の購入希望を毎年とることになった。これは最初から可能だったわけではない。最初からおこなっていたら、反対意見が出たであろう。

校内ミニ研修を一年間進めながら、システムづくりを意図的におこなってきた成果である。

まずは、ミニ研修の様子を「特別支援教育だより」で紹介する。認知されてきたところで、夏に全体でおこなう研修を設定する。そして、その研修で龍馬君の本をもとにした内容を扱い、本の購入希望をとった。

さらに、「特別支援教育だより夏休み号」では、特別支援教育の本を中心に、おすすめの書籍を一覧で掲載した。

その後も研修で、できるだけおすすめの書籍を紹介するようにしてきた。

そのような一年間の取り組みを経て、新年度に当たり前のように、龍馬君の『発達障害児本人の訴え』購入希望がとれるようになったのである。

2 資料編――「特別支援教育だより」の効果的な作り方

以下で紹介する資料は、ある年におこなった特別支援のミニ研修を中心とした実物の資料集である。

まずＮｏ・1。これは四月一日に発行している。つまり新しい学年や学年団が決まり、新しい子どもたちの引き継ぎの第一歩となる日に発行している。

その時に、始業式までの見通しをもってもらうことがポイントである。子どもの資料に目を通してほしいという旨を書いている。

子どもの資料とは、例えば今までの子どもたちを診断しているリストや、ケース会で保護者と旧担任が進めてきた子どもの記録をすべて個別にまとめた文書などである。

その資料を把握した上で学級びらきをしてほしいし、あるいは席の決め方や指導方針を決めてほしい。そうしないと年度で担任が変わることが多いので指導が切れてしまう。前年までやってきたことが継続されないことになってしまう。

そのため、指導を継続させるために四月一日に「特別支援教育だより」を発行しているのである。

そして、次のことを頭に入れてくださいということも書いている。

> 自分の受け持つクラスの子にはどのような特性があるか。
> どのような支援を受けていて、どのような対応をしてきたのか。
> どんな指導で効果があったのか。

もう一つ、四月一日に発行する「特別支援教育だよりＮｏ・２」として黄金の三日間を成功させましょうということを書いている。スタートダッシュは非常に大事である。学級経営だけではなく、子どもにとっても大事であるため準備が必要である。

そこで最初の三日間、四月一日から始業式までの一〇日間に、環境面、学習面に関係して、黄金の三日間で必要なこと、してほしいことを書いている。教材も大切なので、教材吟味の観点も説明している。この二つのことを毎年配付している。

Ｎｏ・３は、合理的配慮について書いている。この時期であるため、教材選定について、どのようなことが合理的配慮に関連するのか明示している。四月一日に、この時点で必要なこと、研修以前のことについて書いている。

Ｎｏ・４は、第一回の校内研修について書いている。第一回の研修は、基本的な脳の原理について書いている。例えば、厳しく叱っても脳的には意味がないことや、脳の中で必要な神経伝達物質（ドーパミン、セロトニンなど）の働きから、褒められるとなぜ嬉しいのか、そしてなぜ子どもたちが動くのかという原理を解説。さらに、不安傾向のある子どもたちがどうすれば安定するのかという基本概念についても触れている。ポイントは、「脳についてどのようにアプローチしていくかということが、特別支援に対応した教育であるかどうかを規定している」ということである。実際に研修をして、その実際の研修の内容と感想を載せている。

Ｎｏ・５は第二回目の研修をうけての記述である。二回目の研修は指示の出し方、ワーキングメモリーに関連しておこなっている。ワーキングメモリーの仕組みと脳の仕組みを中心に紹介しているのは、脳の仕組みとワーキングメモリーが特別支援教育の中心だからである。大きく言うと、この二つが分かれば指導としては大きく間違うことはない。その原理について触れている。ワーキングメモリーと脳の仕組みの観点を通して指導を見ることで、指導の良し悪しが分かるのである。

Ｎｏ・６は夏休み前に発行している。載せている内容は一学期の末におこなった研修である。この研修では、トラブル指導について話をした。この研修では『「学力」の経済学』（中室牧子著、ディスカバー・トゥエンティワン）という本について触れており、科学的根拠の大切さ、エビデンスの大切さについて研修をおこなった。なぜならトラブル指導においてもエビデンスが生かされているからである。この研修をおこなった背景にあったのは、トラブル頻発で困っているという多くのニーズである。Ｎｏ・６のもう一つの内容は書籍の紹介である。職員のレベルアップのために、幾つかの書籍を紹介して夏休みを迎えるということにしている。

Ｎｏ・７は二学期最初に発行したものである。二学期に入って慌ただしい中で子どもたちが落ち着かなくなる、という意見があった。また、一学期から指導してきたが、新学期になっても、なかなか先生の言うことを聞かない反抗する子への指導方法を知りたいというニーズもあった。そこで、そのような子に対する具体的な指導の方針を研修で扱い、その内容を「特別支援教育だより」に載せている。

Ｎｏ・８は一二月におこなった研修の内容である。具体的には新学習指導要領に向けて大きな変化が起きていくという時代背景を踏まえた中身である。中教審、文科省から次々と方針等が出され、教育現場が変化していくことの説明や要点解説をいち早くおこなった。

特別支援教育だより　No.1

4月1日（金）
担当：小野　隆行

始業式までに確認ください
①校内委員会　②診断リスト　③ケース会

▼今年度も『特別支援教育だより』を発行していきます。
また、ミニ研修もあわせて開催していく予定です。よろしくお願いします。

1　学級担任の先生方へ（始業式までのお願い）

▼学年主任の先生方に、次のものをお渡ししています。

（1）学年ファイル
①通常学級に在籍している発達障害の診断のある児童
②特別支援教育校内委員会リスト

（2）ケース会記録ファイル

（1）学年ファイル（2つの書類が入っています。）

①通常学級に在籍している発達障害の診断のある児童

ＡＤＨＤ，ＡＳＤ，ＬＤなどの診断がおりている子のリストです。昨年度末までのリストです。あくまでも、特別支援教育コーディネーターのところまで情報が届いている子のみがあげられています。実際には、診断がおりていても学校へ連絡されていない子が多くいると思われます。

このリストに、漏れがあったり新しく情報が入った子がいれば、新しい用紙に追加記入ください。

また、ご自分のクラスに誰がいるかを確認し、指導に役立ててください。

②特別支援教育校内委員会リスト

昨年度末の「特別支援校内委員会」に提出された「特別な支援を要する児童」のリストです。こちらは、1学期末の校内委員会の前に、再度見直して記入していただく予定です。今は、昨年の記録を読んで、新学期スタートの参考にしてください。

★新しい「クラス名」「担任名」を、赤で書き込んでいってください。

（2）ケース会記録ファイル（クリアファイルに入っています。）

過去3年間のケース会の記録が入っています。校内のもの、保護者を交えたケース会の両方が入っています。保護者には、年度が変わっても必要な支援を行っていくことを学校として約束しています。新しい担任の先生は、今までの経過を知っているものと思われています。

★必ず、担任される子の記録に目を通して、始業式に臨んでください。

2　発達障がい児本人の訴え 紹介　*購入希望回覧をしています。*

ＡＳＤ・ＡＤＨＤの子が小学校生活を振り返って、「何が困ったのか」「どのような指導がわかりやすかったのか」という視点で書いたレポートです。発達障がいの子がどのように感じているのかを理解するのに最適な資料です。希望者には、実費でおわけしています。今、回覧を回しています。

特別支援教育だより　No.2

4月1日（金）
担当：小野　隆行

新年度、「黄金の３日間」を成功させましょう！
①環境　②学級経営　③学習　の準備を！！

今年度も『特別支援教育だより』を発行していきます。また、昨年度に引き続いて『ミニ研修』も行っていきます。ぜひ、指導の参考にしていただければと思います。

さて、新年度が始まります。新年度のスタートは、もっとも大切な時期です。

子どもたちはみな、「今年はがんばろう！」という意欲をもっています。発達障がいの子ももちろん同じです。この時期だけは、どの子も素直に先生の言うことを聞いてくれます。

だからこそ、この時期に１年間を見通す大切な指導を行う必要があるのですね。この時期を「黄金の３日間」と言う人もいます。また、「黄金の１週間」と言う人もいます。そのぐらい指導における大切な大切な時期だということです。

ここでは、特別支援版ということで、発達障がいの子に関わる内容を紹介していきます。もちろん「特別支援教育＝ユニバーサルデザインの教育」ですから、他の子にも当然あてはまる内容です。　今回は、①「環境」面、②「学級経営」、③「学習」面について紹介することにします。

１ 環境面

～子どもの困り感を排除する～　★キーワード★『選択的注意』

まず、環境面です。これは、子どもの困り感を排除するということがもっとも大切です。

①机・いすのテニスボール　（聴覚面）

本校でも取り組んでいる「テニスボール」は聴覚面に関する配慮です。補聴器をつけたことがある人はわかりますが、全部の音を同じように拾ってしまう子がいます。

耳には、いろいろ音声が一度に入ってきます。その中で、必要な音だけに集中するという「選択的注意」が苦手だということです。

授業中には、先生の話以外にも「机いすの音」「子ども声」「足音」「廊下の声」など、いろいろな音があります。その中から、必要な「先生の声」にだけ集中するというのが難しいのです。

だから、その要因となる「いらない音」を減らそうというのが、テニスボールの取り組みです。

②シューズで授業する　（聴覚面）

これもテニスボールと同じ理由です。先生の足音も刺激になります。

比較してみるとよくわかりますが、スリッパではかなり音が響くのです。それが気になると訴えた子も以前にいました。床がタイルでできている教室では、スリッパではやはりダメです。

③教室の前面掲示はすっきりさせる　（視覚面）

これは、視覚面の配慮です。選択的注意が苦手な子には、目に入るもの全てが同じように入ってきます。それでは、必要な情報に集中できません。支援学校や支援学級では、その情報をなくすために「ついたて」などを用いることもあります。特に、黒板まわりはすっきりさせて、必要な情報に集中しやすいようにするというのが大切です。

また、教卓の横に、「めあて」などという掲示を貼っているのも控えたいです。子どものいすに座ってみてください。子どもの目線の高さでは、それも非常に気になることなのです。

2 学級経営

★キーワード★『ほめる』＆『しくみ作り』

次に、学級経営についてです。

①全員の名前を呼んでほめる

私は、最初の３日間のうちに「その子の名前を呼んでほめる」ことをずっとやってきました。

「ほめられる」ことがやる気を引き出すことは、今さらいうまでもありません。

その際、「名前を呼んでほめる」ことが大切です。そのためには、いくつか条件がいります。

（１）全員の名前を覚えている

（２）その子の良いところを探す目・意識

ほめられることで、安心をもたらす「セロトニン」、信頼感をもたらす「オキシトシン」という物質が分泌されることがわかっています。これらは、特に発達障がいの子の指導にかかせないものです。子どもとの信頼関係づくりにも、できるだけ早い時期に「全員の名前を呼んでほめる」ことにチャレンジしてみてください。

②学級のしくみ作りを

学級のしくみをつくるのもこの時期です。このしくみは、１年間通じて使うものです。

これがそのたびごとに違ってくると、子どもたちは安定しません。特に、発達障がいの子はそうです。ルールやきまりがぶれないように、整理して学級開きに臨んでもらいたいと思います。

また、ルールやきまりは、１度や２度行ったからといって定着するものではありません。

新年度は様々な変化があります。先生の方もあれやこれやで、頭がいっぱいになることもありますね。子どもはもっとそうです。

その時、「できない子を叱る」のではなく、「できた子」「やろうとした子」をほめて、学級のしくみを作っていってほしいと思っています。そのことで、発達障がいの子は、自立に大切な　次のことを学びます。

良いモデルを参考にして、自分の行動を決める。

うまく行かなかった時にどうするかという視点をぜひもたせてください。

3 学習面

★キーワード★『成功体験』＆『教材の吟味』

最後は、学習面についてです。

①成功体験を！

発達障がいの子は、どうしても失敗体験が多くなりがちです。「今年はがんばろう」と思っているこの初めの時期に、ぜひ「できた」「がんばったらできるようになる」という経験をさせてほしいと思っています。そのための教材研究の準備をぜひお願いします。

②教材の吟味を！

１年間の学習を安定させるためには、教材選びは重要です。

例えば、同じ漢字の教材でも「ドリル」と「スキル」がありますが、教材の性格上作り方は全　然違っています。「スキル」は覚える方法を定着させるということに重みが置いてあります。一方、ドリルは繰り返して使うことで定着させることを念頭に置いて作られています。子ども　の実態を考えて教材選びを行ってください。

特別支援の観点で言うと、やはり「書き込み式」の方が安定します。「視点の移動」が多くなると学習は困難になりますし、教材とノートの併用は「使用する道具が増える」という処理の

問題が生じます。また、宿題に使う算数の教材は、「答えに途中の計算が書いてある」ものが　望ましいです。宿題は、発達障がいの子の家庭では大きな問題となっています。なかなか取り　組むのが難しい子も多くいます。答えだけではなく、やり方のヒントが家庭では必要です。

★発達障がいの子に対応した教材の見方について、必要があれば、気軽に相談してくださいね！

特別支援教育だより　No.3

4月1日（金）
担当：小野　隆行

合理的配慮ってなあに？

教材選定も「合理的配慮」の視点を忘れずに！

▼保護者とのケース会で，困り感として多く出されるのが「宿題」です。

★算数の問題がわからないとイライラする。中には，できなことでパニックになる子もいます。

共通しているのが、「わからなかった時どうするか？」という手立てがないということです。

計算ドリルなどで答えに途中の計算が書いていないものがありますが、これでは上記のような子は取り組めません。発達障害の子の多くには向いていません。多くのドクターも指摘しています。

これを解消するには，「①自力で絶対に解ける状態にする ②教師が途中の計算を書いたものを渡す ③保護者に見てもらう ④途中の計算も答えが書いてある教材を選択する」などがあります。

しかし、現実的に①～③は安定しません。だから、たんぽぽ学級では必ず④を選択しています。

このようなちょっとした学校側の配慮によって、ケース会で出される困り感が解消していきます。

▼また，合理的配慮の施行によって，各教材会社も様々な取り組みをしています。

例えば、新聞に取り上げられた「正進社の算数テスト」では、日本で初めて「フォーカステスト」というものを取り入れられています。少ないスペースにたくさんの情報があると、図地弁別（焦点化するものと背景とを区別する力）が苦手な子は、正確な情報の取り出しが困難になります。

それをフォーカス（拡大し，余分な情報をカット）することで、問題を変えないでも視覚支援ができるというものです。（部分拡大バージョンがダウンロードできるそうです）これなら、問題の中身が同じなので通常学級でも採用できますね。

実はこのような配慮は，合理的配慮の先進国・アメリカでは，当たり前の支援です。それを各国が追随する方向に向かっています。先進国では，日本がもっとも遅れています。それを初めてテストに取り入れたのが今回の正進社算数テストと言えます。今後は，このような合理的配慮を念頭に入れた教材が増えていくと思われます。

▼大切なのは，上記のような情報を保護者の多くが知っているということです。ＨＰには，合理的配慮の観点で学校に問い合わせよう！のようなものがたくさん出されています。

「キャラクターがかわいい」「付属ＣＤで成績処理ができる」なんていうのは、当然、合理的配慮の説明にはなりませんね。「昨年も使っていたから」というのも理由にはなりません。

① 宿題で出すなら「分からない時、子ども自身で対応できる」教材。
② 合理的配慮の観点で説明できる教材。（どの子にも対応できる教材）
③ やり残しが出ない教材，学習の足跡が残る教材（例えば社会科資料集などは要注意！）

合理的配慮ってなあに？

これは、学校だけに関わることではありません。社会全体の中で決められた内容です。だから、元になる法律をここにまとめてみます。難しい内容ですが、一度は目を通しておきましょう。

まず、最初に出てくるのは「国連」の条約です。

①障害者権利条約（第二条）での定義　（合理的配慮とは？）

障害者が他の者との平等を基礎として全ての人権及び基本的自由を享有し、又は行使することを確保するための必要かつ適当な変更及び調整であって、特定の場合において必要とされるものであり、かつ均衡を失した又は過度の負担を課さないものをいう。

日本国内だけのものではなく、根本は国連でできた条約だったわけです。これでは、さすがに難しいのでJDF（日本障害フォーラム）がだしているわかりやすい説明を紹介しますね。

障害者一人一人の必要を考えて、その状況に応じた変更や調整などを、お金や労力などの負担がかかりすぎない範囲で行うことが、合理的配慮です。
（「みんなちがってみんな一緒！障害者権利条約」日本障害フォーラム発行）

どうですか？少しわかりやすくなったでしょうか？この条約に日本も書名したので、次々と国内法もできていきます。直接関わっているのは次の法律です。

②障害者基本法の改正（平成25年6月改正）

日本では初めて法律に明記されました。第4条に「差別の禁止」が新設され「合理的な配慮」がされないことが差別につながるとしました。

③障害者差別解消法（平成25年6月成立）→ 2016年4月1日施行

この「合理的配慮」を実現するためにルールを定めたのが、「障害者差別解消法」です。
そして、それが適用されるのが来年の4月1日からなのです。そして・・・・、

（1）私立学校や民間企業の場合・・・・・・努力義務
（2）公立学校や行政機関等の場合・・・・・**義務**

つまり、合理的配慮を行っていないことは「差別」にあたるようになるのです！！

④文科省の見解

では、学校では何が「合理的配慮」にあたるのでしょうか？文科省の見解を見ていきましょう。

2．「合理的配慮」の提供として考えられる事項
(1) 障害のある児童生徒等に対する教育を小・中学校等で行う場合には、「合理的配慮」として以下のことが考えられる。
（ア）教員、支援員等の確保
（イ）施設・設備の整備
（ウ）個別の教育支援計画や個別の指導計画に対応した柔軟な教育課程の編成や教材等

（ア）は人的配置，（イ）はユニバーサルデザインの確立です。これは「外的事項」なので，主に教育委員会などの行政が中心となる分野です。問題は（ウ）です。これは、「内的事項」にあたるので、主に各学校の中で対応していくものとなっていきます。
ここで，先日の職員会議で紹介した**「個別の教育支援計画」**と**「個別の指導計画」**が出てきます。

では、「柔軟な教育課程の編成」や「教材」等というのは、どんなものを指すのでしょうか？

【共通】 ·点字、手話、デジタル教材等のコミュニケーション手段を確保
·一人一人の状態に応じた教材等の確保（デジタル教材、ICT機器等の利用）
·障害の状態に応じた教科における配慮（例えば、視覚障害の図工・美術、聴覚障害の音楽、肢体不自由の体育等）

つまり、「一人一人の状態に応じた」ですから、その子の状態にあっていなければ教材・教具等を変えなければならないといったことも起こるかもしれません。

★現在でも、たんぽぽ学級では、交流学級で学習している教科でも「テスト等」をその子に合わせて変えています。これからは、通常学級でも、その教材・教具が、本当にその子の状態にあっているのかどうか？という視点で見られるようになると思われます。
*「合わないから変えてほしい」*という要望も出てくるかもしれません。
その背景には、ドクターが発達障害の子が取り組みやすい教材・教具について、いろいろな場所で知見を発信しているということもあります。「この教材では、ＡＤＨＤの子はできない」などという発言を保護者は知っているわけですね。

上記にあげたものは、共通の項目です。他にも、障害種別によってそれぞれの具体的な配慮すべきことの項目があげられていますので、ＨＰなどで確認してみてください。

⑤ただし・・・、要求を全てきくということではありません。

条約の中にも「かつ均衡を失した又は過度の負担を課さないものをいう。」とあります。つまり、要求されたことをそのままやらなくてはならないということではないのです。
子どもの特性と状態を考え、「保護者と学校との合意形成」が必要になるというわけです。

特別支援教育だより　No.4

4月１３日（水）
担当：小野　隆行

脳の仕組みを知ろう

校内委員会 ミニ研修ありがとうございました

▼第１回目の校内委員会は，「１年間の進め方」「個別の指導計画・支援計画」「ミニ研修」についての内容でした。いかがだったでしょうか？

次回の校内委員会では，連絡・研修の後，低・中・高学年に分かれて「個別の指導計画の見直し」を行います。作成したものを【担当：○○先生】に，　／　（　）までに提出ください。

（昨年度からの継続のものもあります。それも修正して提出してください。）

▼ミニ研修では，次のことを扱いました。

厳しく叱ることでは　変わらない
脳の問題

「満足脳」(平山 諭氏)

競い合って、どちらかが勝つ
①報酬系神経ネットワーク

②不安系神経ネットワーク

学習する

扁桃体
好き・~~嫌い~~ 安心・~~不安~~
セロトニン

前頭葉
考える 理解する
ドーパミン

ドーパミン5

①運動を取り入れる
②変化をつける
③高得点を与える
④見通しをしめす
⑤目的を伝える

セロトニン5

①みつめる
②ほほえむ
③はなしかける
④ふれる
⑤ほめる

▼こういった知識は，すらすらと出てこないとなかなか使いこなせません。
そこで、次回の研修で復習テストをします。
ぜひ，学年団や席の周りで「復習チェック」をしておいてくださいね。

▼次回の研修の内容をお知らせします。（変更する場合もありますので，ご了承ください。）

【次回研修テーマ　ＬＤについて】
次の質問にできるだけたくさんの要因を挙げてください。

特別支援教育だより　No.5

6月6日（月）
担当：小野　隆行

ワーキングメモリーの観点からの授業改善

第２回校内委員会　ありがとうございました

▼第２回目の校内委員会は，全体会と学年別会と二部に分かれての初めての開催でした。
　昨年あたりから、「個別の教育支援計画」「個別の指導計画」の重要性が繰り返し述べられるようになってきました。そこで、今までの〇〇小学校のスタイルを大きく変えて行うことにしました。

　初めての試みなので、なかなか上手くいかないところもあると思いますが、だんだんと調整してこの１～２年で〇〇小スタイルが出来あがればと思っています。
▼研修では、ワーキングメモリについて扱いました。
　数年前に発達検査の「ＷＩＳＣ－Ⅲ」が「ＷＩＳＣ－Ⅳ」へと改訂されました。それは、このワーキングメモリの概念が入っていないためです。そのぐらい、最近になってワーキングメモリの研究が進んできたということです。教育の分野にとっては、非常に大切な概念です。

　このワーキングメモリの観点で自分の授業・指導をぜひ改善していただきたいと思います。

「学習・思考」するということ

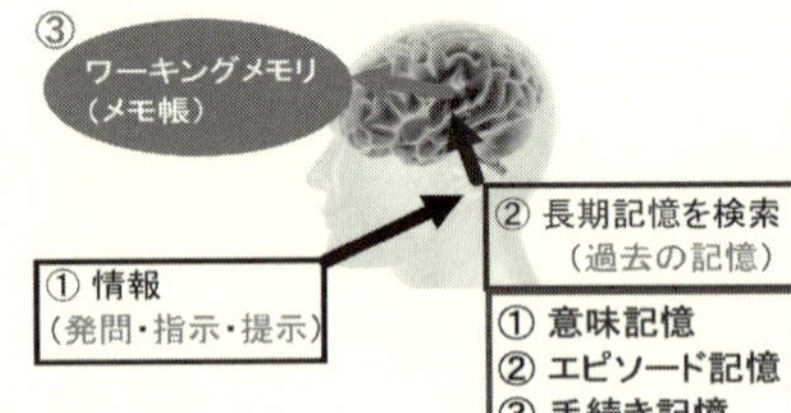

次回の研修で、また復習テストを行いますね。

ADHD
注意欠陥多動性障害

（子）先生、何やるの？
↓
さっき、言ったでしょ！（叱責）

フラッシュバック　トラウマ

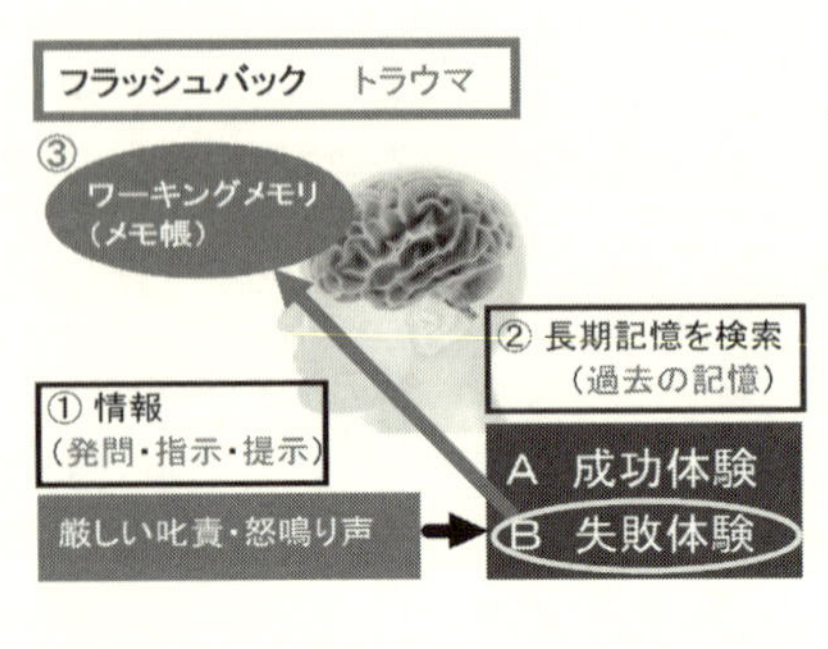

指示の出し方 → 確 認

① 一時に一事
② 指示がぶれない
例）3つ書きます。3つぐらいでいいです。
③ 刺激を減らす
手に持っているものを置かせる。

大切なことを言うときは、正対させる。
④ 大切なことは3度繰り返す

▼次回の研修の内容をお知らせします。（変更する場合もありますので，ご了承ください。）

～次回テーマ～「脳のしくみ」を生かした指導法を学びましょう

脳の仕組みを知ることで、子どもの行動の意味が理解しやすくなります。
また、学習を効果的に行うこともできるようになります。
「脳のしくみ」といっても、そんなに難しいものではありません。
肩肘張らずに、楽しく学んでみましょう！
では、いくつか問題です。

① 言葉を使って自分の感情をコントロールできるのは、何歳ぐらいからでしょうか？
② 書く・読むというのは、脳のどこを使っているのでしょうか？

★夏休み前の研修ですので、本の紹介もできたらと思っています。この休みはまとまった学び　ができるチャンスです。ぜひ有効活用していただきたいです。

★先生方の感想です★

◎自分の記憶力のなさにがっかりしました。１つずつ指示を出す必然性を感じさせられました。
　記憶力は鍛えることができるのでしょうか？【はい、ワーキングメモリを鍛える方法があります。また、記憶の定着には復習が大切です。そのタイミングも分かっています。（小野）】
●一度に複数の指示というのはよく出しています。子どもたちに指示が伝わっていないのは、これが大きいと思いました。すぐに実践します。
◎「今の正解だから、言ってごらん」と話させると、子どもが安心できる。一つひとつの言葉　を練習して使ってみるとことで、子どもが変化しているのがわかります。～しようとしたことを褒めていくと子どもが変わってくるということもわかってきました。
●保健室でもどんどん活用していきたいです。いつも良い勉強ができて幸せです。
◎「さっき言いました」このセリフを使ってしまっていることを反省しました。中には、たくさん指示を出してしまっていたな、覚えるのは難しいだろうなと今日の研修で実感しました。
●いつもためになる内容をとてもわかりやすく教えていただきありがたいです。ドーパミン５、セロトニン５、なるほど！と毎回思ながらも日々の学校生活の中で生かすための具体的な言　葉かけ等のかかわり方を自分の中で明確にもっていないので、知っていても使えない状態で　す。個に応じた有効なかかわり方ができるようにしていきます。
◎脳の仕組みを知った上で自分の指導を思い返すと改善しないといけないことが実感できます。

★★他にもたくさんの感想をいただきました。ありがとうございます！

【重要】　個別の指導計画について

個別の指導計画は，修正したものを１部 ○○先生に提出してください。
締め切りを６／１０金までとします。修正がない場合も一部提出ください。

特別支援教育だより　No.6

7月19日（火）
担当：小野　隆行

効果的なトラブル指導

第３回校内委員会　ありがとうございました

▼全体会と学年別会と二部に分かれての校内委員会も少し軌道にのってきました。

せっかく作成した「個別の指導計画」ですから、できるだけ有効活用できるような形を考えています。来年、再来年に向けて、もっとよりよい運営方法などアイデアがありましたら、ぜひお伝えください。よりよい形で、○○スタイルができていけばいいと思っています。

▼今回の研修では、トラブル指導について扱いました。

ケース会等で多く問題としてあげられるのが、トラブル指導の難しさです。

特に、発達障害の特性が関係すると、なかなか上手くいかないことが多いです。そして、このトラブル指導を失敗すると、余計、状態がこじれてしまうことも多くあります。

効果的な指導を行うことが難しいという声が多数ありましたので、今回はトラブル指導を行うことにしました。当初予定していた「脳の基本的な仕組み」は、また別の機会に紹介したいと思っています。

▼研修で使ったスライドを紹介します

科学的根拠
（エビデンス）

Highscope
（デトロイトの学校）

ペリー就学前研究

貧困層家庭に
①幼児教育　②子育て支援

↓

30年以上の調査

トラブル指導

■1■　話を聞く

（1）前段階
①来ただけで褒める
②趣意説明

（2）教える
①話し方
②聞き方

■2■　10点満点で点数をつけさせる

（1）低い子から言わせる

（2）点数をつけたことを褒める

（例）3点

→ じゃあ、7点分も反省してるんだ。偉いなあ。

■3■　あやまらせる

（1）悪かったことだけ　あやまろう

（2）あやまり方を教える
①姿勢・表情・言い方
②どれだけあやまるか

（3）許したことを褒める

特別支援教育だより　　No.7

10月5日（水）
担当：小野　隆行

反抗挑戦性障害の子への指導

第４回校内委員会　ありがとうございました

▼２学期初めての校内委員会は、反抗挑戦性障害について扱いました。
簡単に言うと、すぐに反抗する子のことです。

これは、発達障害に関係なく、自尊心が下がっていくと起こる二次的な障害です。

二次的というのは、「もともと生まれながらにもっている障害ではない」ということです。

つまり、環境や指導のやり方によっては、新たに障害が生み出されるということを意味しています。しかも、自尊心の低下は集団の中で起こりやすいので、学校はその可能性が高い場所だと言えます。

そして、発達障害のある子は、この二次障害になりやすいということもわかっています。

だからこそ、全ての学校で特別支援教育に取り組むことになっているわけです。

ちなみに、二次的な問題（障害とは厳密に言えません）として、反抗やキレなどの他に、無気力や登校渋りなども入ります。

▼今回は、その中で指導が困難な「反抗挑戦性障害」について扱いました。
このような子が学級にいた場合、どのような指導や取り組みが効果的かということが、ほとんど示されていません。専門家でもほとんど答えることができないのが現状です。

今回の研修では、脳科学を基にした実践から導きだされた方法を紹介しました。

研修で使ったスライドを紹介します。復習に役立ててください。


【脳のメカニズム】

叱責が過去のマイナスな記憶を呼び起こす。

無理！　やりたくねえ　反抗
③
反抗挑戦性障害
ワーキングメモリ（メモ帳）
② 長期記憶を検索（過去の記憶）
① 情報（発問・指示・提示）
A　成功体験
厳しい叱責・怒鳴り声
B　失敗体験

【教師と子ども　どこを変えるか】
子どもが悪いと言っても障害なので変わらない。

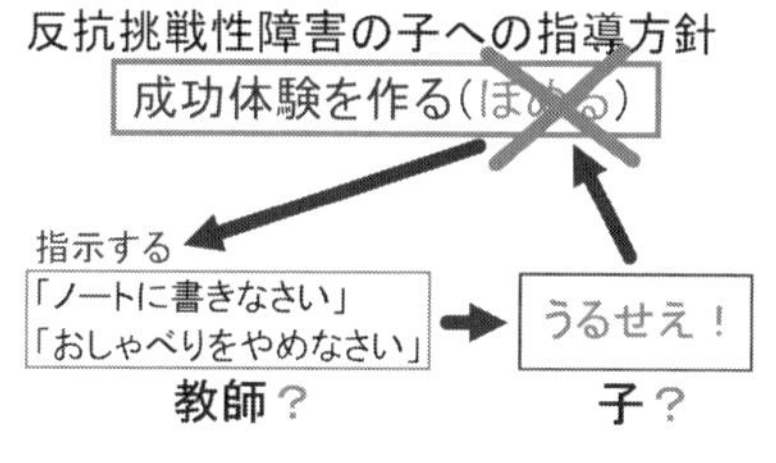

【反抗挑戦性障害の子への指導方針】

反抗挑戦性障害の子への指導方針

成功体験を作る（ほめる）

直接的に ほめる　　受け入れない

よくできたね！ → うるせえ！　知らねえ！

間接的に ほめる

① 自分で○つけさせる　② 友達に○をつけてもらう
③ できた人？と手をあげさせて全員の中でほめる。

直接的に ほめる場を作る

反抗挑戦性障害の子への指導方針

失敗への耐性を育てる

レジリエンス（やり直す力）

① 五色百人一首などのカルタ
② ドン・ジャンケン（体育）
③ チャレラン
④ 暗唱テスト

【直接的にほめる場をつくる】

反抗挑戦性障害の子への指導方針

成功体験を作る（ほめる）

指示する

「ノートに書きなさい」
「おしゃべりをやめなさい」

ほめる

「もうノートに書いている人
　がいますね」
「A君、黙って話が聞けてるね」

直接　×
↓
間接　○
モデル → まね

このようなプログラムが、ほとんどありません。だから学校現場は困っているのですね。

児童精神科医の杉山登志郎ドクターは、「先生方は武器をもたずに戦場にいるようなものです」と講演で話していました。必要な教材やプログラムがないということを言われています。左のプログラムは、いくつもの実践を通して効果のあった内容を紹介しています。

★先生方の感想です★

◎今まで生きていた経験で反抗的な反応をしてしまっているということがよく分かりました。直接ほめるのではなく間接的にほめることを意識していきたいです。【直接ほめることができる状態にもっていくことが理想です。そのための間接的褒め方です；小野】

●成功体験をさせ、ほめることでキレなくさせることが言葉ではわかっていましたが、具体的にどうするかがわかりませんでした。「なるほど！」と思いました。キレないように意図的に設定し、それを逃さずにほめる。それくらい用意周到さが必要なことがよくわかりました。

◎レジリエンス、この力をつけさせるためのしくみを作り出すのが大切なことがわかりました。まずはチャレランからスタートして実践していこうと思います。間接的にほめるということもできていませんでした。【しくみ＝システムを構築することが学級経営の根幹ですね：小野】

●アメリカの教育機関の話を聞き、単位の換算や九九の表など、そういった教材を机の周りや教室に貼るなどの案は使わせていただこうと思いました。【黒板周りに貼ると刺激物なのでよくありません。ちなみにアメリカは黒板がありません。それから掲示はきれいでないとよくないですね。間違いはもちろん、少しのズレ、不自然な色の使い方など手作りはやはり質が落ちます。そのあたりをクリアして活用していきたいですね。：小野】

★ペーパーチャレランは4冊の本になっていて、コピー可能です。小野の机上にあります。興味がある人は自由に手にとってみてください。ぜひ、教室で活用いただければと思います。小野は、通常学級の時の方がよく使っていました。キレる子、不安になりやすい子にも効果があります。

購入希望の方には、購入先を紹介しますので、遠慮なく聞いてください。【小野】

特別支援教育だより　No.8

１２月２２日（木）
担当：小野　隆行

新学習指導要領でなにが変わる？

第５回校内委員会　ありがとうございました

▼今回は，中央教育審議会の審議まとめの内容を扱いました。いかがだったでしょうか？難しかったでしょうか？学習指導要領の改訂に伴い，特別支援教育も大幅に内容が変わります。実感としては、通常学級でもかなりの専門的知識や技量を要求されるようになると思っています。これは、特別支援だよりでも紹介した「合理的配慮」についての影響が色濃く反映されています。このような情報には、保護者はとても敏感です。ネットで誰でも見ることができる情報ですので、「知りません」「よくわかりません」では済まない時代になってきました。ぜひ、一度目を通してください。

▼また，特別支援教育にも大きく影響をあたえているのが、ＡＩによる時代の変化です。現在は第四次産業革命と言われ、人類が想像していなかったような時代に突入していくのは明らかです。世界中がそのことを前提に全ての施策を決めています。教育の分野は特にダイレクトに変化しています。日本が最初にそのことを打ち出したのは，下村博文文科大臣の時です。下村氏の著書や各地の講演の内容が、ほぼそのまま新学習指導要領の内容と重なっています。ですから、今までの学習指導要領の改定とは、全く次元が違うものになります。このことを抜きには特別支援の変更点について理解がずれるので、今回の研修でも扱いました。

【参考図書】冬休みの読書にいかがでしょうか？
『教育投資が日本を変える（下村博文著）ＰＨＰ研究所』
『シンギュラリティは近い（レイ・カーツワイル著）ＮＨＫ出版』

★先生方の感想です★

◎これまで以上に個に応じた指導が大切になるとわかりました。教材研究の際にもクラスの子ども１人１人の顔を思い浮かべながらやっていきたいです。**【特別支援については、どこに困難さがあるのかというアセスメントが必要です。今までの経験則＋ＷＩＳＣを始めとするアセスメントツールを使いこなさなくては対応できない時代になってきています：小野】**

●2030 年，2045 年にはおそろしい世界が待っているように思いました。機械が人間を支配する世界にどんどんなっていっている気がします。**【賛成・反対を抜きにしてもう方向性は決まっています。機械を使いこなす能力・考え方を身に付ける教育が必要になりますね。：小野】**

◎「なぜプログラミング教育が急に学校に入ってくるようになってきたのか？」ということが、小野先生の話を聞いて納得できました。アナログの世界から追いついていけないくらい世の中が変わってきていることを実感しています。**【第４次産業革命と名付けられました。人類が迎える大きな時代の転換期ですから、ちょっとやそっとの変化ではないようです。：小野】**

◎中教審は未来に変化する社会に対応するために、あんなに多くの審議を重ねていることを知り一度読んでみようと思いました**【ぜひ、すぐにダウンロードして読んでください。：小野】**

あとがき

二〇一六年九月にアメリカのボストンを訪れた。特別支援教育の視察のためである。

そこから、毎年のようにアメリカ視察に行くようになった。

アメリカ視察に行くようになって、私の考えは大きく変わった。

簡単に言うと、「今のままではだめだ」という思いが強くなったのだ。この視察の内容については、学芸みらい社からまとまった提案をおこなう予定である。

さて、アメリカに行ってもっとも強く感じたことは、日本は個人個人の教師の努力でなんとか問題や課題に対処しようとしているということだ。

一方、アメリカは、個人の力ではなくシステムの力で問題に対応しようとしている。そこには、平等性の担保という考え方が非常に濃く出ている。

例えば同じＡＳＤの子が同じ学校に通っているのに、片方は一〇の支援が受けられて、片方は五の支援しか受けられないのはおかしいということだ。

これは考えてみれば当たり前の話なのだが、残念ながら日本ではこのようになっていない。ある先生に教えてもらえば一〇の支援が受けられるのに、ある先生に教えてもらうと五の支援しか受けられないということが当然のように起こる。

ここでいう支援とは、通常学級で学ぶか特別支援学級で学ぶかといった形式的なことを指すものではない。学習指導や生活指導の中身のことである。

ある先生は、漢字を宿題に出してノートに毎日一ページ練習させている。

ある先生は、漢字を授業中に練習させて、宿題で少しだけ練習させている。

この二人の先生のやり方はどちらがいいのだろうか。

このような問いに対して、日本ではどちらの答えもありうるのである。なぜ、このようなことが起こるのか。

それは、「エビデンス（科学的根拠）」という意識が希薄だからである。

このような場合には、どちらの方が学習効果が高いのかという観点から考えなければならない。

しかも、それにはしっかりとした根拠が必要だ。

それがないから、教師の個々の経験則だけに頼る指導がおこなわれているのである。

このことは、アメリカ視察に行く前から私の中でずっと課題として意識していたことである。

どうすれば、個々の職員の指導のばらつきがなくなるか？　少なくとも間違った指導を良かれと思って推進することがなくなるか？

日本の教師は、みな一生懸命である。私が出会った同僚はみなそうだった。しかし、一生懸命だから良い指導ができるとは限らない。

特に特別支援教育については、それは非常にはっきりと言えることである。

そこで、私が着手したのが特別支援教育の研修を核とした取り組みであった。

しかし、最初からうまくいくことばかりではなかった。

学校現場は忙しい。そうでなくても会議や研修などで疲弊している教師は多い。そこにまた別の研修を増やすとなると、やはり良い顔はしない。

そこで考えたのが自主研修のスタイルだった。研修には自由参加の形にする。そして、その内容は、特別支援教育だよりで全職員に知らせる。本書の中にも実際に私が作成した「特別支援教育だより」が実物資料として収録されている。

また、ある学校では、全体の場で定期的な研修が必要だと感じた。しかし、毎月のように全員研修の時間は確保できない。そこで考えたのが、従来から設定されている時間の中に研修を組み込むことであった。その時は、年間計画であらかじめ設定されていた校内委員会の時間の前半に研修をおこない、後半に事例検討をおこなう形をとった。

このように学校の事情に即した形を、その都度、生み出してきた。だからこそ、職員に受け入れられたのだと思う。書いてもらう書類もできるだけ減らす。統一できるものは統一する。そうやって、誰にとっても負担が少なく、それでいて効果の高い方法を考えていくことこそ、今の学校現場にもっとも必要なことではないかと考えている。

新しい学習指導要領の中で、「学習活動を行う場合に生じる困難さに応じた指導」を組織的・計画的に行うことが求められるようになった。

本書は、それを解決するための一助を担う内容になっていると自負している。

本書の内容には、いくつもの学校の事例が織り交ざっている。そして同じ章の中でも、出てくる年度もバラバラにしている。子どもや事例を特定できないようにするために、学年等のパーソナルなデータも変更している。ご了承いただきたい。

本書の内容の多くは、向山洋一氏の指導をベースとしたものである。また、職員への研修内容も向山氏の論文を参考にしたものが多い。

また医学的な内容は、ＴＯＳＳ特別支援セミナーで何度もご指導いただいている杉山登志郎氏から多くを学んだ。そして脳科学の内容は、故・平山諭氏からご指導いただいた。

この場をお借りしてお礼を申し上げたい。

そして、本書の提案から完成まで、常にあたたかい励ましをいただいた学芸みらい社の小島直人氏に深く感謝申しあげたい。

小野隆行

◎著者紹介

小野 隆行（おの・たかゆき）

1972年9月、兵庫県生まれ。香川大学教育学部卒業後、岡山県蒜山教育事務組合立八束小学校に着任。岡山市立芥子山小学校等を経て、現在、岡山市立西小学校に勤務。 新卒で向山洋一氏の実践に出会い、授業を追試することで目の前の子どもたちがみるみる変わることを実感する。その時から、すぐれた実践を追試する日々が続く。

27歳で師匠である甲本卓司氏に出会う。自分との圧倒的な「子どもの事実」の差に衝撃を受け、指導を願い出る。甲本氏を代表とするTOSS岡山サークルMAKの立ち上げに関わり、以来、サークル活動を継続し、現在はTOSS岡山代表も務めている。

20代で発達障害の子と出会い、自分の指導を根本的に見直す必要に迫られ、そこから、多くのドクター・専門家と共同研究を進め、医学的・脳科学的な裏付けをもとにした指導を行うようになる。同時に、発達障害の子を集団の中でどのように指導していくか、さらに学級全体をどのように組織していくかを研究テーマにした実践を20年近く続け、特別支援学級での子どもへの指導はもちろん、通常学級での発達障害の子どもの指導にも数多く携わる。

また、勤務した学校では特別支援教育コーディネーターとして校内の組織作り・研修体制作りなどにも関わり、毎年20近くの校内研修・公開講座で講演。NPO主催のセミナーでも多数講師を務め、指導的役割を担っている。

著書に「トラブルをドラマに変えてゆく教師の仕事術」シリーズ――『発達障がいの子がいるから素晴らしいクラスができる！』『特別支援教育が変わるもう一歩の詰め』『喧嘩・荒れ とっておきの学級トラブル対処法』『新指導要領に対応した特別支援教育で学校が変わる！』、また共著に『発達障害児を救う体育指導――激変！感覚統合スキル95』（いずれも学芸みらい社）がある。

GAKUGEI
MIRAISHA

トラブルをドラマに変えてゆく教師の仕事術
特別支援教育の校内研修で学校が変わる！
「ユニバーサルデザインの学級・授業づくり」ポイント30

2018年8月31日　初版発行

著　者　小野隆行
発行者　小島直人
発行所　株式会社 学芸みらい社
〒162-0833 東京都新宿区箪笥町31 箪笥町SKビル3F
電話番号：03-5227-1266
FAX番号：03-5227-1267
HP：http://www.gakugeimirai.jp/
E-mail：info@gakugeimirai.jp
印刷所・製本所　藤原印刷株式会社
ブックデザイン　吉久隆志・古川美佐（エディプレッション）

落丁・乱丁本は弊社宛お送りください。送料弊社負担でお取り替えいたします。

ISBN978-4-908637-86-5 C3037